PARA: _____

_____

DE: _____

_____

«¿Quién tiene sabiduría
para contar las nubes?»

Job 38:37a

La misión de Editorial Vida es ser la compañía líder en satisfacer las necesidades de las personas con recursos cuyo contenido glorifique al Señor Jesucristo y promueva principios bíblicos.

EL MENSAJE DE LOS NÚMEROS
Edición en español publicada por
Editorial Vida – 2004
Miami, Florida

©2004 por Luciano Jaramillo

Diseño interior y cubierta: *Gladys "Gigi" Grasso*
Ilustraciones: *Luis Grasso / Grasso Design Studio*
  www.grassodesignstudio.com
Fotos en la portada: *Carlos Llano*
  www.llanophotography.com

RESERVADOS TODOS LOS DERECHOS. A MENOS QUE SE INDIQUE LO CONTRARIO, EL TEXTO BÍBLICO SE TOMÓ DE LA SANTA BIBLIA NUEVA VERSIÓN INTERNACIONAL. © 1999 POR BÍBLICA INTERNACIONAL.

Esta publicación no podrá ser reproducida, grabada o transmitida de manera completa o parcial, en ningún formato o a través de ninguna forma electrónica, fotocopia y otro medio, excepto como citas breves, sin el consentimiento previo del publicador.

ISBN: 978-0-8297-6324-9

Categoría: Vida cristiana / General

IMPRESO EN ESTADOS UNIDOS DE AMÉRICA
PRINTED IN THE UNITED STATES OF AMERICA

EL MENSAJE DE LOS
NÚMEROS
DENTRO Y FUERA
DE LA BIBLIA

DR. LUCIANO JARAMILLO CÁRDENAS

DEDICATORIA

Tres instituciones me permiten en esta etapa de mi vida realizarme plenamente en la triple vocación que Dios me ha dado de pastor, administrador y maestro para servirlo a él y servir a mi prójimo. Estas son: la Sociedad Bíblica Internacional, el Centro de Estudios Teológicos de la Florida y mi querida Iglesia Presbiteriana Cumberland El Camino.

A estos tres gloriosos ministerios, que engrandecen y proyectan mi vida, quiero dedicar este mi último libro, *El mensaje de los números*. Y tengo razones de sobra para hacerlo. La Sociedad Bíblica Internacional me ha permitido, no sólo dedicar mis mejores horas a la difusión de las Escrituras, sino interiorizarme más y más con el texto sagrado a través del trabajo maravilloso de la traducción bíblica. Gracias a su decidido apoyo y clara visión, un grupo de eruditos bíblicos evangélicos latinoamericanos hemos podido entregar al pueblo de habla hispana una nueva versión de las Escrituras, la *Nueva Versión Internacional*, en un lenguaje fresco, claro, fiel y confiable.

El Centro de Estudios Teológicos de la Florida me ha dado la oportunidad de estudiar, investigar y compartir con decenas de estudiantes mis conocimientos y experiencias, como parte de una noble empresa de formación teológico-pastoral, que está beneficiando a muchas comunidades y creyentes de la Florida y el mundo.

Mi querida Iglesia Presbiteriana Cumberland El Camino ha sido un regalo de Dios para esta última etapa de mi vida y ministerio. Me desafía a ser el pastor de almas que siempre he querido ser, dando a mi vida las más grandes y puras satisfacciones, al comunicar la Palabra y acompañar a un

DEDICATORIA

puñado de hermanos y hermanas creyentes en su diario bregar por ser fieles al llamado de «ser sal y luz» en un mundo alejado de Dios y hostil al Evangelio.

Con todo esto, más el regalo invaluable de una esposa maravillosa y tres hijos preciosos que ahora son cinco, y toda una larga familia a quien amo y reconozco a la distancia, ¿cómo no voy a dar gracias a Dios?, ¿cómo no voy a confesar que me siento completo, feliz y plenamente realizado en mi existencia y ministerio?

Para terminar, debo expresar mi más profundo reconocimiento a mi entrañable amigo, hermano y colega en el ministerio, el doctor Darío Silva Silva, quien accedió amablemente a escribir el maravilloso PRÓLOGO de este libro. La espléndida generosidad de sus conceptos sobre la vida y la obra del autor, y su penetrante juicio acerca de la situación de nuestras comunidades cristianas, que —dice él— «ameritan más la publicación de esta obra», le dan calidad y relevancia a este escrito.

Un reconocimiento especial merecen mi esposa y asistente, Athala G. de Jaramillo, y su eficiente colaboradora, Edith Cabauy; así como Luis y Gigi Grasso, responsables de la lectura, corrección, composición e ilustración del texto.

Al único y bendito Soberano,
Rey de reyes y Señor de señores,
al único inmortal,
que vive en la luz inaccesible,
a quien nadie ha visto ni puede ver,
a él sea el honor y el poder eternamente.
1 Timoteo 6:15-16

Luciano Jaramillo Cárdenas
Miami, agosto de 2004

Índice

Dedicatoria		iv
Prólogo	Número cero	viii
Capítulo 1	Los números fuera de la Biblia	1
Capítulo 2	Los números en la Biblia	13
Capítulo 3	El uno	27
Capítulo 4	El dos	40
Capítulo 5	El tres	54
Capítulo 6	El cuatro	71
Capítulo 7	El cinco	86
Capítulo 8	El seis	99
Capítulo 9	El siete	109
Capítulo 10	El ocho	132
Capítulo 11	El nueve	142
Capítulo 12	El diez	155
Capítulo 13	El once	165
Capítulo 14	El doce	171
Capítulo 15	El cuarenta	180
Capítulo 16	El setenta	188
Capítulo 17	El cien	195
Capítulo 18	El mil	199
Capítulo 19	Otros números	207
Capítulo 20	El mensaje final	217
Cuadro	Números en hebreo y griego	215
Bibliografía		221
Apuntes		223

PRÓLOGO

NÚMERO CERO

POR DARÍO SILVA-SILVA

«Sease prólogo o proemio quien quisiere»
Quevedo

Cuando se me propuso redactar el prólogo para un nuevo libro del doctor Luciano Jaramillo, experimenté encontrados sentimientos: en primer lugar, el de un honor personal que francamente no creo merecer, por tratarse de un autor cristiano de tanto prestigio; en segundo término, cierto temor de no cumplir el reto que constituye introducir una obra con semejante firma; como dicen en Colombia, patria de Luciano y mía, «esas son palabras mayores». Sin embargo, he aceptado escribir estos párrafos por una sola razón: ellos me permiten, con sencillez y sinceridad, expresar mi admiración por alguien que es honra y prez de la inteligencia latinoamericana. La Biblia dice que debemos honrar a quien bien lo merezca.

Hace más años de los que él y yo quisiéramos, Luciano Jaramillo era ya conocido como sacerdote católico en tanto que yo andaba enredado en periodismo, política y logias masónicas. En aquel tiempo, desde mi posición de «librepensador», podía sentir viva simpatía por él cuando cambió su iglesia para hacerse protestante en una nación —la Colombia de entonces— que se autoproclamaba «católica, apostólica y romana» en su propia Constitución Nacional, y manejaba las relaciones iglesia-estado a través de un concordato de corte tridentino con la Santa Sede. Luciano no fue el único, pero sí uno de los más sobresalientes ciudadanos que abandonaron las fronteras patrias para buscar

PRÓLOGO

nuevos horizontes en tierras extranjeras. Gracias a Dios, hoy vivimos una nueva normatividad jurídica en cuyo marco católicos y protestantes tienen «convivencia en la diferencia», una consigna que mi iglesia adoptó desde su fundación y que el propio Jaramillo practicaba años atrás en forma natural como presidente de la Confederación Evangélica de Colombia y rector del Colegio Americano de Cali, de severa estirpe presbiteriana.

En el exterior, mi ilustre compatriota no tardó en destacarse por su infatigable laboriosidad y sus variadas habilidades: teólogo, pastor de almas, predicador, comunicador social, catedrático, líder ministerial, conferencista, escritor, etc. Uno de sus trabajos más notables como director de la Sociedad Bíblica Internacional, ha sido la coordinación de múltiples talentos para producir la Nueva Versión Internacional de las Sagradas Escrituras, que constituye el primer paso en firme hacia la consolidación de un lenguaje común latinoamericano, tal como la Biblia de Lutero le dio forma al idioma alemán. Personalmente me sentí orgulloso cuando Jaramillo fue invitado a entregarle un ejemplar de «su» Biblia al presidente de los Estados Unidos, durante el Primer Desayuno Hispano de Oración en Washington. La fotografía de este acto habría merecido primera plana en los diarios de cualquier país, pero en los de Colombia no tuvo espacio en medio del volumen noticioso de secuestros, masacres y chismes.

Luciano Jaramillo, doctor en letras humanas y divinas, le añade ahora un sólido eslabón a su larga y fructífera cadena de servicios al pueblo cristiano con su magnífico ensayo sobre el significado de los números en las Sagradas Escrituras. La sencillez y elegancia —y las dos palabras son lo mismo— de su estilo, permiten entender sin dificultades un tema que ha sido objeto de mil especulaciones, no pocas de ellas descabelladas. En los años finales del siglo XX, período terminal del modernismo, hubo un regreso a la mitología e incluso, vastos

PRÓLOGO

sectores del cristianismo se vieron infiltrados por «caballos de Troya», entre ellos, una numerología supersticiosa, manejada a capricho por neófitos que originaron un lamentable caos interpretativo.

Aunque Ripley no lo crea, llegó a decirse que el 13 es un número fatídico por la sencilla razón de que, en la Última Cena, Jesús se sentó a manteles rodeado de doce comensales, lo cual indica a las claras que el traidor Judas era precisamente el intruso satánico que permitía sumar trece, ya que Jesús mismo era el número uno. Sin embargo, nadie nos explicó por qué la Primera Carta a los Corintios contiene la enseñanza clásica sobre el amor en su capítulo 13, que tiene trece versículos. Un escritor romanista afirmó que, al retirar los Deuterocanónicos, los biblistas protestantes lograron el número de la Bestia con una Biblia reducida a sesenta y seis libros. No se nos dijo, en cambio, la razón por la cual Isaías, la escritura mesiánica por excelencia, tiene sesenta y seis capítulos. Un comentarista unitario descubrió que quienes creemos en la Trinidad tenemos en realidad tres dioses, somos triteístas, puesto que si Dios es Uno no puede ser tres y si es tres no puede ser Uno. Si leyera a Hegel, entendería que «el Padre es Dios en sí mismo, el Hijo es Dios objetivándose a sí mismo, el Espíritu es Dios regresando a sí mismo». Pero leer a Hegel debe ser hasta pecado, supongo.

A partir de suposiciones ingeniosas, aparentemente lógicas, originarias principalmente de la llamada «nueva era», sectores considerables del pueblo cristiano se desviaron hacia creencias por igual ingenuas y peligrosas sobre los números. Con gran ligereza se hicieron propios algunos argumentos de falsas religiones hasta llegar a dar por infalibles el *Código secreto de la Biblia* y el *Código de Vinci*, para citar dos casos protuberantes. Se ha pretendido emular la habilidad de los viejos cabalistas hebreos llevando la interpretación escritural más allá de lo razonable, a la búsqueda de mensajes cifrados que no hacen parte de la intención

PRÓLOGO

divina. La Biblia no es número de Dios, sino Palabra de Dios. Esta tendencia se ha hecho más evidente en la América Latina, donde la llamada Iglesia Evangélica es un bebé espiritual de apenas un poco más de cien años de vida, lo cual explica que muchos de sus órganos no hayan llegado aún a su pleno desarrollo. Por las particularidades de su evangelización, en esta zona del mundo se ha generado el fenómeno que hemos convenido en llamar «mestizaje espiritual», a través del cual, en muchos casos, la memoria ancestral amerindia y africana pretende perpetuarse en el cristianismo. Es menos sorprendente que el catolicismo romano haya recibido influencias de la misma índole, pues esta rama de la iglesia en particular ha sido muy abierta a la transculturización y el sincretismo. Por otra parte, en términos regionales, la iglesia católica es pro-intelectual, lo cual la inclina al humanismo; la evangélica, anti-intelectual, cuando no contra-intelectual o, al menos, a-intelectual, y ello tiende a desculturizarla. En su seno ha tomado fuerza la idea de que para ser un buen cristiano hay que ser un gran ignorante, porque «el conocimiento envanece, pero el amor edifica», llegando al extremo de identificar cultura con falta de espiritualidad, lo cual dejaría aun sin posibilidades al propio apóstol San Pablo.

En su *Cábala de Pegaso y el Asno*, Giordano Bruno elogió la ignorancia de forma similar a como su maestro Erasmo había elogiado la locura. El gran pensador italiano condena la ignorancia ambiciosa de los peripatéticos que se limitan a creer y suponer en vez de reflexionar. Tras distinguir dos clases de ignorancia: una, la que hace alarde de sí misma; otra, la que se disfraza bajo apariencias de saber, Bruno encuadra en esta última a la ignorancia religiosa que pretende fundar el principio de la santidad en los atributos del asno: sencillez, impasibilidad e impericia. Bruno, en fin, descubre que la simplicidad exaltada por la Biblia no se refiere

PRÓLOGO

a la inteligencia sino al corazón; según él, se puede abrigar una duda discreta sin perder la fe. Siglos después, Soren Kierkegaard vería como legítima la tensión entre una mente escéptica y un corazón religioso, tan propia de su carácter. Es allí donde se salva una persona como Luciano Jaramillo, inteligencia iluminada y corazón simple por igual.

El origen de los números es misterioso, como lo sigue siendo su desarrollo en las matemáticas, la literatura y la música. Desde el concreto y el abstracto, pasando por el atómico, el cardinal, el decimal, el dígito y el gamético; siguiendo al másico, el ordinal, el plural, etc, el número es, o puede ser, mixto, fraccionario, singular, redondo, módulo, simple o primo. Hay números congruentes, índices, quánticos y sagrados. Recuerdo de memoria el poemilla Aritmética Matrimonial, aprendido en mi infancia escolar, cuyos versos son una ingeniosa interpretación del machismo latino, con base en los números:

> *Un hombre cuando soltero*
> *resulta un número entero;*
> *se casa y al otro día*
> *es regla de compañía.*

> *Antes del mes de casado*
> *ya es un número quebrado.*
> *Nace un muchacho después*
> *y es una regla de tres,*
> *lo cual impide, a mi idea,*
> *que número mixto sea.*

> *Si es dulce, amable y discreto,*
> *es un número concreto,*
> *pero si enviuda, en el acto*
> *se vuelve un número abstracto.*

PRÓLOGO

*Mas, si se casa otra vez,
comete una estupidez,
y ya no es número entero,
quebrado, ni mixto: Es CERO.*

Dicho sea de paso, Luciano Jaramillo ha mantenido siempre un sólido hogar con Athala, su bella e inteligente esposa. Los dos son uno, como lo instituye la aritmética matrimonial cristiana. Y ambos entienden que nunca sobra un poco de sano buen humor en el ambiente a veces desapacible de la gente religiosa, que ha hecho de los números unos instrumentos de sortilegio, agüeros y adivinación, sin detenerse a examinarlos en el verdadero contexto que tienen como vehículos de la revelación divina. El estudio sistemático y erudito del doctor Jaramillo en su nuevo libro provee a la iglesia cristiana, y al público en general, del adecuado marco teórico para el tratamiento de un tema tan importante como mal tratado en el seno de la «religión informal». Su argumentación se mueve en las dos vías propuestas hace ya más de medio siglo por la que entonces se llamaba neo-ortodoxia: hay preguntas de Dios que reclaman respuestas del hombre, según Barth; hay preguntas del hombre que reclaman respuestas de Dios, según Tillich. Luciano Jaramillo sabe bien que Jesucristo es, por igual, la Gran Pregunta y la Gran Respuesta. Este libro lo confirma.

El doctor Darío Silva Silva es un connotado periodista y escritor colombiano, convertido al Señor y ordenado al ministerio evangélico. Es fundador, con el concurso de su esposa Esther Lucía, de La Casa sobre la Roca, Iglesia Cristiana Integral, con comunidades en Colombia, los Estados Unidos y otros países. Posee doctorados en Ministerio y Sagrada Teología, en Filosofía y Religión, y en Literatura Sagrada, y es autor de varios libros, entre ellos, *El reto de Dios, El eterno presente, Las llaves del poder, Sexo en la Biblia* y *Las puertas eternas.*

CAPÍTULO UNO

LOS NÚMEROS FUERA DE LA BIBLIA

El lenguaje universal de los números

Los números dentro y fuera de la Biblia

Los números se mencionan frecuentemente en la Biblia, donde por lo general se expresan en forma de palabras. Sin embargo, inscripciones en objetos arqueológicos como vasijas, monumentos y otros remanentes demuestran que el uso de símbolos numéricos fue común en el antiguo Israel. La forma de estos símbolos numéricos revela influencias de culturas y usos de los pueblos vecinos. Lo vemos, por ejemplo, en el uso de los números elevados, en los que se nota la influencia del sistema numérico de Mesopotamia, cuya base es el 60 (sesenta). Pueden hacerse comparaciones paralelas entre pasajes bíblicos y escritos y leyendas ugaríticas, sumerias y acadias; pero la computación de cifras y números es escasa y muy poco sofisticada debido más que todo a la naturaleza histórica, religiosa y literaria del texto bíblico.

Origen de los números

El origen de los números puede ser un misterio. No obstante, sabemos que está relacionado con la imagen de las cosas que el mundo nos presenta, la cual es una y múltiple, y de alguna manera debemos distinguirla. Las divisiones del espacio y del tiempo, que así mismo debían ser cuantificadas, tuvo que ver con el surgir de los números. Los egipcios decían que *«mientras no había dos cosas, el uno bastaba»*. Considerado de esta manera, el UNO no es todavía un número; es un «NO-número». Sin embargo, paradójicamente, de él se derivan todos los números, aunque en sí mismo excluye toda pluralidad. El UNO es fun-

CAPÍTULO UNO

damento de todo; es expresión del Ser Supremo y, en el lenguaje religioso y bíblico, designa a Dios. Diversas religiones tratan de explicar a su modo esta realidad. Veamos, a manera de ejemplo, algunos intentos de explicación o especulación, en parte filosóficas y en parte mitológicas, acerca del origen y naturaleza de los números.

La **judía** da su explicación de carácter místico: la cábala que hace hablar al UNO originario, infinito e ilimitado (*Ensoph*) que se despliega en diez *zephiroth* o «emanaciones» y se convierte en creador. Los diez números básicos constituyen la fuerza de todo ser. *Safar* significa «*contar*». En la primera *sephira* Dios mismo se revela, saliendo de su ocultamiento y de la inefabilidad de su esencia. Con la segunda y tercera emanaciones aparecen las primeras semillas y el seno primordial donde crecen y se hacen fecundas; luego se dan los otros desarrollos, que se llaman los «siete días primordiales».[1]

Para la antigua filosofía **china,** el UNO (*Tai yi*), es el fundamento primero del ser. De él surgen los polos del ser (polos ontológicos: *yin* y *yang*) de los cuales surgen cinco «estados de cambios» o seres elementales (*elementos*). De estos elementos surgen las diez mil cosas existentes (*wan wu*).[2]

Los **iranios** representan a Dios el Único con la palabra *Yak*, que significa «Uno», y que usa la primera letra *alif* del alfabeto arabe-pérsico.[3]

Entre los **egipcios**, el UNO representa al dios universal que todo lo contiene; Amon-Ra es señor del cielo y de la tierra, y se identifica como «*el uno*» o «*el único*».[4]

La importancia del UNO representando a Dios al principio del universo y la tragedia de la creación al separarse la criatura de su Creador, está descrita por las palabras del escritor alemán Clemens Brentano:

CAPÍTULO UNO

Cuando la luz se descompuso,
Ascendió lo que era leve,
Y se hundió lo pesado,
y lo uno se dividió
entre Dios y Lucifer.[5]

La bipolaridad y tensión del número DOS

Con el número DOS entran la tensión y bipolaridad en el mundo creado. Esta tensión se siente como contraste o como complemento de dos realidades recíprocas que se encuentran para acoplarse y completarse o para separarse y distinguirse. Mientras que el UNO es número de lo increado y divino, el DOS señala lo creado y sexuado. Todo lo nacido por el encuentro de dos sexos está sujeto a la ley de la vida y de la muerte. Todo lo imperfecto se da en la dualidad, donde se producen las desavenencias y desencuentros, al oponerse una cosa a la otra, aunque una cosa no pueda existir sin la otra.

Los padres de la Iglesia se dieron cuenta de esta bipolaridad estudiando la narración de la creación. Los sorprendió que en el día segundo, tras la separación de las aguas inferiores de las superiores (las de arriba de las de abajo), Dios no pronunciara la frase de que «*era bueno*» (Génesis 1:6-10). El primer hombre vivió en armonía con Dios mientras conservó su unidad e identidad de pensamiento y voluntad con el Creador. Esta unidad se quiebra con el pecado. Ahora el hombre es varón y mujer, con su propio sexo. Pierden el centro santo y abrazan la dualidad del bien y el mal, de la vida y la muerte. El cielo y el infierno comenzaron con la rebelión de los ángeles que se apartaron de la unidad e identidad divinas y cayeron en su propia identidad, alejándose de su Creador. Desde entonces surge lo incierto y errático.

Representación de los números

En un momento dado el hombre buscó expresar en signos

CAPÍTULO UNO

el valor y significado de los números. El uso de piedrecitas o guijarros, tan útiles para enseñar a contar a los niños, sirvieron inicialmente al hombre primitivo para representar cantidades y contarlas. El verbo *calcular* viene del latín «*calculus*» = «*pequeña piedra* o *piedrecilla*». Otros elementos muy sencillos como las conchas, los palitos y las muescas o incisiones cavadas en un hueso o pedazo de madera, y hasta los propios dedos, sirvieron este mismo propósito. El descubrimiento y uso del número crea realmente una revolución en el pensamiento del ser humano y la percepción que tiene de la realidad. En efecto, el hombre usa su inteligencia capaz de abstracciones y conceptualiza esta realidad pasando de percepciones concretas materiales a las ideas de cantidades y dimensiones. Esto le permite conocer mejor los objetos, haciéndolos parte de su pensamiento, combinando sus valores, contándolos y asignándoles un valor cuantitativo. En una palabra, los «cuantifica» en su propio pensamiento.[6] El número le permite asimismo al hombre conocerse mejor como unidad, aunque dentro de muchas polaridades y pluralidades: es varón y mujer; es materia y pensamiento; es muchas cosas, pero sigue siendo «uno». Al mirar al mundo exterior, descubre el mismo fenómeno de unidad, polaridad y pluralidad: día y noche, cielo y tierra, etc. Mira a los astros y sabe que son muchos y variados; la luna no más se le presenta en tres fases diferentes: llena, menguante y creciente. Descubre el espacio y lo caracteriza señalando, de acuerdo con su orientación, cuatro dimensiones o direcciones que llama «los cuatro puntos cardinales». Es a través de la variedad y la pluralidad de los seres como el hombre descubre su propio puesto en la creación. Sabe que es un cuerpo y algo más en medio del cosmos, y que está estrechamente relacionado al mismo. El descubrir el número y su significado dentro de este cosmos, le ayuda a entender mejor el mundo y sus conexiones íntimas. Descubre, además, que este ordenamiento de unidades, polaridades y pluralidades que consti-

CAPÍTULO UNO

tuyen el número, viene de Dios, quien lo hizo parte de su creación. Dios mismo ordenó todo en medida, número y peso. Muchos autores hablan con mucha razón del «*misterio de los números*», refiriéndose más a su origen misterioso y a su valor simbólico que a su valor matemático.[7]

Sistemas de cálculo

Hoy prevalece el sistema decimal. Pero no es exclusivo, y en la historia de la humanidad se han ensayado varios sistemas. En la antigua Mesopotamia, por ejemplo, la observación de los astros y la medición de la tierra fértil en medio del desierto, que conocemos como «oasis», introdujo una valoración de los números a la que se le dio carácter sagrado. La deidad incita al rey-sacerdote, Judea, a «*descubrir el secreto oculto de los números*». Según el sacerdote babilónico Berossos, «*los números pertenecen a las cosas santas que se trasmitieron desde la edad primera*». Todavía hoy nuestra división del tiempo en sesenta segundos, sesenta minutos y dos veces doce horas sigue el sistema *sexagesimal* que se remonta a la época sumeria, casi dos milenios a.C. Y nuestro cálculo del círculo en 360 grados y la división del zodíaco en doce constelaciones pertenece al sistema *duodecimal*, miles de años más antiguo que la misma civilización sumeria.[8]

Los números en general y su significado

Los números se pueden estudiar desde muchos puntos de vista: su aspecto filosófico, matemático o simbólico. Estos tres aspectos corresponden a ciencias y disciplinas extensas y profundas que no son el objetivo primordial de este estudio. Nos interesa más el aspecto religioso, cultural y literario de los números en general y su significado y uso en la Biblia.

Desde tiempos inmemoriales los números, que aparentemente solo sirven para contar, han ofrecido base y apoyo

CAPÍTULO UNO

para representar realidades, imágenes y conceptos que los constituyen en símbolos. Expresan no solamente cantidades, sino ideas, fuerzas, imágenes y adquieren cierta personalidad simbólica.

Nace así una ciencia muy antigua que Platón consideraba del más alto grado en la escala del conocimiento: la ciencia de la interpretación de los números, que es parte de lo que hoy se conoce como semiótica, ciencia de la interpretación de los símbolos.

Hemos estudiado que en el antiguo Oriente el nombre expresaba la esencia de las personas. Este concepto y práctica llegaron a la Biblia a través de la cultura semita, que es de la más pura raigambre oriental. El número adquirió esta misma clase de función especialmente en relación con los dioses. Las antiguas religiones asignaban un número a cada uno de sus dioses. Ejemplos: *Anu*, el dios de Mesopotamia a quien se le daba el título de rey, tenía el número perfecto, el 60; el dios *Enlil*, que controlaba el espacio aéreo, llevaba el número 50; *Ea*, el dios del agua, el 40; en tanto que al dios lunar, *Sin*, se le asignaba el número 30, que corresponde a los días del mes.[9]

En la China, según lo narra Lie-tse en su obra *Yi-King*, que narra la historia del «*maestro de los números*» *(chanchu-che)*, la ciencia de interpretar los números se remonta a las familias Hi y Ho del Ming-t'ang, en la época del emperador Yao, que junto con Huang-ti representan la tradición primordial. Esta tradición enseña que los números son clave de la armonía macro-microscópica de la conformidad del imperio con las leyes celestes.

Pitágoras y los pitagóricos enseñaron la noción de la relación de los ritmos cósmicos con los números, que deben ser correctamente interpretados. Fueron ellos los que descubrieron la estrecha relación de la música, la arquitectura y otras disciplinas con los números. Para Boecio, el conocimiento supremo de las cosas pasa por los números; y

CAPÍTULO UNO

Nicolás de Cusa decía que los números eran el mejor medio para acercarse a las verdades divinas. Los números, dice Saint-Martin, «*son las envolturas visibles de los seres*», regulando no solamente la armonía física y las leyes vitales, especiales y temporales, sino también las relaciones con el primer Principio. Por eso no se trata de simples expresiones aritméticas, sino de principios que son tan eternos como la verdad. Estamos hablando de ideas, cualidades, no de simples cantidades. Las propias criaturas son números, en cuanto surgidas del Principio-Uno.

Estos ejemplos y el estudio de las religiones y mitologías antiguas nos llevan a descubrir que los números jugaban un papel importante en la identificación no solo de las realidades terrenas y materiales, sino que los mismos tienen una relación íntima con la identificación de realidades supraterrenas. De aquí nace el uso místico y simbólico de los números en los pueblos y religiones antiguos y modernos. Este uso es bien destacado en la Biblia; por eso es importante el estudiarlo y aplicarlo como un instrumento exegético y hermenéutico que nos permite descubrir significados ocultos a muchas verdades y enseñanzas que Dios quiso transmitirnos utilizando el lenguaje de los números. Por otra parte, un estudio juicioso y científico de los números en la Biblia evitará que caigamos en la charlatanería, la invención y la fantasía que con frecuencia encontramos en la interpretación de los números por predicadores y maestros irresponsables que se dan a la tarea de interpretar y explicar los números basados en su imaginación calenturienta y desorientada, por falta de preparación, investigación y conocimiento de las disciplinas bíblicas que se refieren a este delicado campo de la exégesis.

Los números fuera de la Biblia

Como lo estamos viendo, en este escrito hay coincidencias en el significado de los números dentro y fuera de la

CAPÍTULO UNO

Biblia. El estudio de las civilizaciones antiguas, a las cuales pertenecen los pueblos de la Biblia, nos muestra que los números tuvieron un papel muy importante en la literatura, creencias y religiones de la antigüedad. A los ejemplos ya anotados agreguemos algunos más.[10]

El número SIETE (7) fue siempre un número importante. Era el número de los planetas y el de la semana. El ciclo hebdomadal (de 7 días) de la semana se relaciona con las cuatro fases efectivas de la luna (la luna nueva, cuarto menguante, cuarto creciente y por último la luna llena). La antigua torre escalonada de Babilonia tenía siete pisos; el árbol sagrado tenía siete ramas; hay siete puertas en el mundo inferior; siete días duró el gran diluvio, registrado en muchos de los escritos religiosos de las civilizaciones prebíblicas como la sumeria, la asiria y la babilónica.[11]

Según M. Hirschle en su libro *Filosofía y numerología*, el número SIETE (7), como número límite, puede traer felicidad o desgracia. Los días 7, 14, 21 y 28 de cada mes eran considerados días nefastos. En la lengua acadia, *sebet-tu*, es decir, «*los siete*», designa a un grupo de demonios tanto buenos como malos. Los siete que acarrean la desgracia «*son espantosos, y quien los ve queda amedrentado; su aliento es muerte*». El significado demoníaco del SIETE (7) lo encontramos en varias culturas y religiones antiguas. El número siete domina la enfermedad, y en las creencias europeas populares de los siglos XVI y XVII d.C., al demonio se le identificaba como «*el siete malo*», lo que también se aplicaba a la mujer de mala reputación.[12]

Los egipcios tenían un sistema numeral *decimal*. El número mil (1000) significaba «*una gran cantidad*», como frecuentemente ocurre en la Biblia. Encontramos este número en la lista de los sacrificios. Para indicar un millón de egipcios utilizaban la figura del dios Hah arrodillado. Esta figura aparece en muchos utensilios y objetos ornamentales representando una multitud indefinida de años = *eternidad*.

CAPÍTULO UNO

A pesar de su pragmatismo, los egipcios dieron a los números un significado extrahumano, relacionándolos con sus dioses. Así, por ejemplo, el UNO (1) señala al dios universal que todo lo abraza: *Amon-Ra* es llamado «*el uno*» o «*el único*», como señor del cielo y de la tierra.

El DOS (2) se concebía como complemento o contraste. La imagen egipcia del mundo era dualista: cielo y tierra, día y noche, varón y hembra. Estas realidades dualistas debían interactuar en entendimiento dentro del cosmos, de igual manera que las dos regiones constitutivas de Egipto (el alto y el bajo Egipto) lo hacían para constituir una unidad orgánica.

El TRES (3) tenía su base natural en la familia: padre, madre e hijo, que en la religión egipcia estaban representados por Osiris, Isis y Horus. El día se divide en tres partes: mañana, mediodía y tarde. Por eso los sacrificios y plegarias se hacían tres veces al día.

El CUATRO (4) se relaciona directamente con el espacio que está encerrado dentro de los cuatro puntos cardinales. De ahí que los altares egipcios sean cuadrados, orientados a los cuatro puntos cardinales. A los cuatro hijos de Horus se les relaciona con las cuatro direcciones del cielo.

Los números y la mitología

En la mitología, que es la narración o estudio de los mitos, los números pueden tener un significado que va más allá de los cálculos matemáticos. Por ejemplo: cuando el dios solar *Ra* se enteró de la unión secreta de la diosa celeste *Nut* con el dios terrestre *Geb*, maldijo a su esposa infiel de modo que no pudiera alumbrar los hijos del adulterio, ni bajo la luz del sol ni de la luna. Pero el astuto dios *Thot*, que le había ganado a la luna, en un juego, una setenta doceava parte de cada día, creó con esta parte cinco días completos, que agregó al año originario de 360 días (12 x 30). Surgieron así los años de 365 días, y *Nut* aprovechó esos

CAPÍTULO UNO

cinco días, desconocidos al dios solar, para dar a luz a sus hijos, *Osiris, Haroeris, Seth, Isis y Nephthys*. Geb concedió a *Osiris* la dignidad real; pero el envidioso *Seth* se asoció con 72 cómplices para asesinarlo. Descuartizaron su cadáver en 14 partes que arrojaron al Nilo. El número 14 puede tener relación con los días de la luna menguante. *Isis* tuvo con su marido terrestre *Geb*, un hijo póstumo, que fue *Horus*, quien retó a duelo a su tío *Seth*. Seth le arrancó un ojo en la lucha, el cual dividió en seis partes. *Thot* recogió las partes, que corresponden a distintos números fraccionarios, que suman en total de 63/64. La parte 64 la hizo desaparecer *Thot*. Al ojo reconstruido se le llama *uzat*, «*el sano*»; y en el ámbito cultural asiático, el 64 es el número de la perfección (8 veces 8). Los 64 hexagramas del libro sapiencial chino *I Ching*, son expresión de la experiencia mundana y de la pluralidad del destino humano. Este mismo significado debió tener el juego de ajedrez, originario de la India, con sus 64 casillas.

Los números como expresión cualitativa de la realidad

Números y figuras se convierten en expresiones del mundo y sus realidades. Sirven al hombre para clarificar realidades complejas y las innumerables manifestaciones de las mismas, muchas de ellas contradictorias. Los números hacen visibles, pensables e inteligibles estas realidades y manifestaciones. No estaba muy lejos de la verdad el poeta Novalis cuando consideraba a los números y figuras como «*las claves de todas las criaturas*». Claro, que de acuerdo con esta visión, los números tienen un valor cualitativo más que cuantitativo. Este mismo fenómeno lo vemos en los números bíblicos. Un dicho muy antiguo que se sigue usando hoy en día afirmaba: «*tria es numerus perfectus*» («el tres es el número perfecto»). Los cristianos damos importancia al número TRES (3) porque indica «*la plenitud divina en la unidad*». Y no somos los primeros en darle esta importancia, como lo veremos cuando estudiemos, en este mismo libro, cada número en particular.[13]

El número y sus múltiplos

Los múltiplos de cada número participan por lo general del significado del número original, porque acentúan e intensifican esta significación, o la matizan con un sentido particular, que hay que investigar en cada caso. Es el caso del diez (10), que produce el cien (100) y el mil (1000); el doce (12), que se multiplica por dos y produce el 24, que representa las doce (12) tribus más los doce (12) apóstoles y en conjunto todo el pueblo de Dios, del Antiguo y del Nuevo Testamentos. Múltiplo de 12 es el 144, que indica el doce (12) elevado al cuadrado, al que se le agrega la cantidad de mil o miles, que significa multitud (144.000), y representa la multitud indefinida de los redimidos, tanto del Antiguo como del Nuevo Testamento. Siguiendo ciertas creencias, cada número tiende a engendrar un número superior: el uno engendra el dos; el dos y el uno engendran el tres, etc., porque cada uno de ellos se ve empujado a superar sus límites. Otros piensan que es que cada número tiene necesidad de un opuesto que lo contraste o una pareja que lo complemente. Todo esto tiene que ver con el hecho de atribuir a los números ciertas características de seres vivos. Y con esto llegamos a un tema nuevo, que es el de *Los números en la Biblia*.

CAPÍTULO UNO

NOTAS

[1] Manfred Lurker, *El mensaje de los símbolos*, Barcelona: Editorial Herder, 1992. p.139.
[2] Jean y Alain Chevalier, *Diccionario de los símbolos*, Barcelona: Editorial Herder, 1995. p. 763.
[3] Ibid., p. 1039.
[4] *The Illustrated Bible Dictionary*, Vol. I. Inter-Varsity Press, Tyndale House Publishers, 1980, p. 43.
[5] Lurker, *Op. cit.* p. 140.
[6] Olivier Beigbeder, *Léxico de los símbolos*, Vol. 15. Madrid: Ediciones Encuentro, 1989. pp. 319-21.
[7] Idem., pp. 319-21
[8] Lurker, *Op. cit.* p. 140.
[9] Beigbeder, *Op. cit.* pp. 320-21.
[10] *The Illustrated Bible Dictionary*, *Op. Cit.* p. 1096.
[11] Gerhard Kittel y Gerhard Friedrich, *Compendio del Diccionario Teológico del Nuevo Testamento*, Libros Desafío: 2002. p. 247.
[12] Ibid. p. 248.
[13] Coenen, Lothar y otros, *Diccionario teológico del Nuevo Testamento*, Vol. II. Salamanca: Ediciones Sígueme, 1999. pp. 183-187.

CAPÍTULO DOS

LOS NÚMEROS EN LA BIBLIA

Importancia de los números en la Biblia

La Biblia recurre a todos los recursos de expresión que la lengua le proporciona para transmitir su mensaje. Hay una intrincada red de símbolos, figuras literarias, expresiones y modismos que solo con un conocimiento profundo de las ciencias de la semántica, la lingüística, la semiótica y la antropología podemos descifrar total y adecuadamente. A este mundo del lenguaje y la cultura pertenecen los símbolos, los colores, los mismos animales y los números. Estos últimos pasan de representar cantidades y cifras matemáticas exactas, a simbolizar realidades más complejas, conceptos, mensajes y verdades de capital importancia para el lector de las Escrituras. Quien trata las cifras bíblicas como solo matemática, es decir, sumando, restando, multiplicando y dividiendo con ellas, se pierde su mensaje y contenido y no le salen las cuentas. Y es que los números y cifras constituyen una red simbólica de significados ocultos o subliminales en la Biblia que deben descifrarse correctamente para conocer su contenido.

Diferentes usos de los números en la Biblia
Cifras matemáticas. Cuando representan una cantidad exacta. Ejemplos: Éxodo 16:16, que se refiere a la cantidad de maná que cada israelita debía recoger: «*Recoja **cada uno** de ustedes la cantidad que necesite para toda la familia, calculando **dos** litros por persona*».

El Salmo 90:10 habla del número de años promedio que vivimos: «*Algunos llegamos hasta los **setenta** años, quizás*

CAPÍTULO DOS

*alcancemos hasta los **ochenta**, si las fuerzas nos acompañan».*

Otros ejemplos:

*¿No se venden **cinco** gorriones por **dos** monedítas?* (Lucas 12:6).

*Entonces llegaron **cuatro** hombres que le llevaban **un** paralítico* (Marcos 2:3).

*A su llegada, Jesús se encontró con que Lázaro llevaba ya **cuatro** días de muerto* (Juan 11:17).

Números graduados. Cuando se ligan o aparean dos o más números que de esa forma entran a significar algo especial. Ejemplos: en Deuteronomio 32:30 se presentan dos pares de números graduados para resaltar la fortaleza que viene de Dios: *«¿Cómo podría **un** hombre perseguir a **mil**, si su Roca no lo hubiera vendido? ¿Cómo podrán **dos** hacer huir a **diez mil** si el Señor no los hubiera entregado?»*

En Isaías 17:6, la ruina de Damasco se describe en forma de parábola numérica: *«Pero quedarán algunos rebuscos, como cuando se sacude el olivo y **dos o tres** aceitunas que quedan en las ramas más altas, y tal vez **cuatro o cinco**, en todas las ramas del árbol».*

Encontramos una gradación más elaborada en Génesis 4:24; aunque aquí se combina el número matemático con el simbólico: *«Si Caín será vengado **siete** veces, **setenta y siete** veces será vengado Lamec».*

En Génesis 1 aparece una serie graduada de números que va desarrollándose hasta llegar a un clímax en el último día de la creación: *«...ése fue el día primero..., ése fue el segundo día..., ése fue el tercer día..., ése fue el día sexto...»*

CAPÍTULO DOS

Números, como cantidades representativas, muchas veces exageradas. A veces estas cantidades son exactas, como en Números 3:43. «*El total de los primogénitos mayores de un mes, anotados por nombre, llegó a veintidós mil doscientos setenta y tres*».

El texto continúa explicando cómo:

Para rescatar a los doscientos setenta y tres primogénitos israelitas que exceden al número de levitas, recaudarás cinco monedas de plata por cabeza, según la moneda oficial del santuario, que pesa once gramos. Esa suma se la entregarás a Aarón y a sus hijos, como rescate por los israelitas que exceden a su número (Números 3:46-48).

Muchas veces estas cantidades son aproximadas y aun exageradas o hiperbólicas, como en Daniel 7:10b: «*Miles y millares le servían, centenares de miles lo atendían*».

Con frecuencia se usa el símbolo de la «arena» para representar un número incontable: «*Como la arena serían tus descendientes; como los granos de arena, tus hijos...*» (Isaías 48:19). Véase además Génesis 22:17; 41:49).

Los números como símbolos

Con mucha frecuencia se recurre a los números para representar conceptos o realidades diferentes. Entonces su significado no es matemático de una cantidad, sino que tiene un significado cultural, moral y espiritual. Esta clase de números la tenemos en toda la Biblia, pero de manera particular en la literatura apocalíptica, como son los libros de Daniel y Apocalipsis. En buena parte, este libro trata del significado simbólico de los números dentro y fuera de la Biblia. Sabremos así que el UNO denota la unidad divina y

CAPÍTULO DOS

«comienzo»; que el DOS puede significar oposición o complementación; rivalidad o confrontación; el TRES es el número de la confirmación, de la perfección divina y de la consumación; el CUATRO es el número cósmico que representa la creación física; el CINCO es el número de la relación del hombre con la creación, de la responsabilidad y de la gracia; el SEIS es el número incompleto e imperfecto, y el de la manifestación del mal; el SIETE, por el contrario, es el número de lo perfecto y completo; el OCHO representa un nuevo comienzo; el NUEVE marca el fin; el DIEZ señala la perfección del orden divino; el ONCE, por superar o pasar al DIEZ (el decálogo), indica imperfección y transgresión; el DOCE es el número del pueblo de Dios; el CUARENTA puede indicar un tiempo de prueba o una edad promedio; el número MIL es un número indefinido que indica multitud.

Ejemplos del uso de los números en la Biblia

Como podemos ver, no hay una forma única o exclusiva de usar las cifras y números en las Escrituras. De hecho, la Biblia utiliza los números en una forma variada y rica, y debemos cuidar de descubrir si el número es utilizado en un determinado pasaje como simple matemática que indica una cantidad precisa, según el valor que representa; o es una cantidad aproximada representativa; o si se utiliza como símbolo cuyo significado es necesario descubrir, empleando la semiótica (ciencia de la interpretación de los símbolos) y la antropología (ciencia de las costumbres y usos de cada pueblo).

Entre los muchos ejemplos que podemos citar en cuanto al uso de los números, sobresale uno de los más importantes y prominentes: el libro del Apocalipsis. El uso de los números en el libro del Apocalipsis es solo superado por el libro de los Números. Registramos una verdadera omnipresencia de las cifras bíblicas en este libro, desde la idea de *primacía*

CAPÍTULO DOS

(alfa), que gira en torno del número UNO (1) hasta la de *consumación o número final*, que encarna la letra última del alfabeto griego: *omega*.

Pero la representación real o simbólica numérica no se queda en estas dos cifras. El Apocalipsis usa prácticamente todas las cifras. Hay DOS (2) testigos, que dentro de la tradición bíblica, es la forma de «hacer fe» y probar fehacientemente con testigos, en un juicio; el TRES (3), además de representar la realidad trinitaria de Dios, se fracciona (un tercio, una tercera parte), para indicar un corto tiempo o algo pasajero o de corto alcance; hay CUATRO (4) jinetes; CINCO (5) meses para la plaga de las langostas; tres veces SEIS (6) en 666, identificando al Anticristo con el número imperfecto (6), repetido tres veces: tres veces «imperfecto»; el SIETE (7) abunda, connotando el número completo o perfecto; tenemos DIEZ (10) cuernos; DOCE (12) puertas y doce murallas, etc., etc… Regresaremos a estos números cuando los tratemos uno por uno, más adelante en este libro.

Sin embargo, sería errado tomar el Apocalipsis como un libro de precisión matemática. Las cifras están ahí, pero no por su valor numérico. Por otra parte, en la Biblia en general, las cifras se redondean fácilmente (siete, doce, cuarenta, cinco mil, setenta mil). Se intenta dar una visión de conjunto, más que de hacer un cálculo minucioso y detallado. En otras palabras, las cifras en la Biblia nos dan un orden de magnitudes, pero no hay que mirarlas con demasiado rigor matemático si no queremos caer en la frustración o en explicaciones sin sentido. Uno de los más bellos ejemplos del sentido simbólico de las cifras bíblicas nos lo presenta el mismo Jesucristo cuando nos invita a perdonar *«setenta veces siete»* (Mateo 18:22), que no quiere decir que solo hemos de perdonar cuatrocientas noventa veces, sino *siempre*; siendo el SIETE (7) el número completo y perfecto, multiplicarlo por setenta lo convierte en un número indefinidamente completo. Es decir, que el perdón no tiene fin; y en las matemáticas divinas del Evangelio, nunca podemos decir: «*Hasta aquí perdono. ¡Ya no más!*»

El DOCE, número del pueblo de Dios

Como vamos a ver, cuando tratemos esta cifra, el número DOCE (12) goza de un estatuto especial en la tradición bíblica, por no hablar de su importancia fuera de la Biblia, en el Próximo Oriente y en la cultura mundial en general: doce meses, doce signos del zodíaco, etc. Pero la historia propiamente bíblica de la cifra DOCE se cristalizó, en el Pentateuco, en torno a la figura de los doce hijos de Jacob, antepasados de Israel: «*Jacob tuvo doce hijos*» (Génesis 35:22b). Lo volverá a reconocer el mismo patriarca al momento de su muerte, cuando a uno por uno de sus hijos le da la bendición, declarándoles lo que sucederá con cada uno de ellos. Y el texto sagrado concluye: «*Estas son las doce tribus de Israel*».

Es así como la cifra DOCE se convirtió en una cifra sagrada que representa al pueblo de Dios; y va a aparecer constantemente en casi todos los libros de la Biblia, en diferentes formas y representaciones: doce piedras preciosas en las vestiduras litúrgicas de Aarón (Éxodo 28:21); «*doce fuentes de plata, doce aspersorios de plata y doce bandejas de oro*» para la dedicación del altar (Números 7:84); «*doce tortas de pan*» ofrecidas el día sábado, «*como pacto perpetuo*» (Levítico 24:5-9).

Jesús heredó esta tradición y, al escoger a su grupo de discípulos, utilizó el número DOCE, que fueron los elegidos y nombrados por él como apóstoles (Marcos 3:14; Lucas 6:13). Este grupo será la base del «nuevo pueblo de Dios en el Nuevo Pacto», es decir, la Iglesia. Pero el simbolismo del número DOCE sigue siendo el mismo: «doce canastas»

CAPÍTULO DOS

sobraron de la multiplicación de los panes y los peces (Marcos 6:43), lo que significa la superabundancia de la gracia, y que el pan dado por Jesús no se va a agotar nunca para su pueblo.

Si volvemos ahora al Apocalipsis, es interesante advertir que Juan se atiene rigurosamente al simbolismo bíblico de la cifra DOCE, que saca tanto del Antiguo como del Nuevo Testamento. En el capítulo siete utiliza el número 12.000 para indicar la cifra de los elegidos de cada una de las tribus. En el capítulo doce, la mujer está coronada de DOCE estrellas (12:1). Finalmente, cuando llega el tiempo de descubrir la Nueva Jerusalén en el capítulo 21, Juan combina admirablemente los dos Testamentos: Jerusalén tenía una muralla con DOCE puertas, y sobre cada una de ellas un ángel con los nombres grabados de las doce tribus. En una palabra, la Nueva Jerusalén resumirá la historia del pueblo de Dios y marcará de algún modo la reconciliación de las dos Alianzas.

Representación de los números

¿Cómo se representaban gráficamente los números en Israel y en los pueblos circundantes? Y ¿cómo aparecen en los manuscritos más antiguos? La representación gráfica de los números, tal como hoy la tenemos, pertenece a una época ya avanzada de la humanidad. Y en los pueblos antiguos se dieron inicialmente diferentes sistemas de contar y calcular.

El sistema decimal era común en Israel, como en toda la cuenca del Mediterráneo y en los países del Próximo Oriente: Asiria, Egipto, Grecia y Fenicia. Los números se representaban por letras, o simplemente se escribían sus nombres. Así lo vemos en inscripciones antiguas como la Piedra Moabita y la inscripción en Silo.

En hebreo tenemos nombres o sustantivos para los

números dos al diez, aunque el número uno es un adjetivo. Hay palabras separadas para los cientos, y las grandes cantidades como veinte mil (20.000) se expresan con una palabra que representa el doble de diez mil (10.000). Papiros arameos de los siglos VI y IV a.C., tabletillas encontradas en Mesopotamia y vasijas hebreas comprueban una numeración temprana en el Antiguo Testamento. Trazos verticales se usaban para indicar dígitos, y horizontales para decenas. Se escribían unos encima de otros para múltiplos de diez. La letra hebrea *mem* representaba el número cien, con trazos verticales a su derecha para centenas adicionales. La palabra mil en forma abreviada representaba esa cantidad. La letra griega *lambda* representaba el número cinco, y la hebrea *gimel*, el cuatro.[1]

El uso de letras para representar números es de origen griego. Pasó a Israel durante la dominación de Alejandro Magno y sus sucesores, y se hace común durante el período macabeo. Monedas de este período así lo comprueban. Hay, sin embargo, indicios de uso anterior de letras para los números: las primeras letras del alfabeto representaban los números del uno al nueve; las siguientes nueve letras, las decenas del diez al noventa; y las centenas hasta el cuatrocientos se representaban por las últimas cuatro letras del alfabeto. Como cosa particular, el número quince aparece representado por una combinación de la letra *teth* (9) y *waw* (6). Las consonantes *yod* (10) y *he* (5) correspondían al nombre abreviado de Yahvé: *Yah*. El resto de los números se representaba por combinaciones de letras. En hebreo, los números ordinales van del uno al diez; de ahí en adelante se usan los cardinales. Hay palabras especiales para fracciones como *mitad* y *un quinto*. El concepto de un infinito matemático lo percibimos en textos como Apocalipsis 7:9, donde se habla de una multitud tan grande de redimidos «*que nadie podía contarla*». El mismo concepto lo descu-

CAPÍTULO DOS

brimos en Génesis 13:16 y 15:5, donde Dios promete a Abraham una descendencia tan numerosa como las arenas del mar o las estrellas del cielo.[2]

Números aproximados

Es evidente que en muchos pasajes bíblicos los números representaban cantidades aproximadas no exactas. Por ejemplo, el número dos, «dos o tres», el tres, «tres o cuatro», el cuatro «cuatro o cinco» tienen el sentido de «*unos pocos*». En 1 Reyes 17:12, donde la viuda de Sarepta le dice a Elías «*y ahora recogía* **dos** *leños...*» (*RVR*), la *Nueva Versión Internacional* traduce «*Precisamente estaba recogiendo unos leños...*». En Levítico 26:8 «*Cinco de ustedes perseguirán a cien...*», significa realmente «*unos pocos de ustedes perseguirán a muchos...*». El mismo uso lo tenemos en 2 Reyes 6:10; Isaías 17:6. Para «*tres o cuatro*», véanse Amós 1:3 ss y Proverbios 30:15 ss. En el Nuevo Testamento se da también este uso aproximado de los números.[3] Pablo, en 1 Corintios 14:19, dice: «*...en la iglesia prefiero emplear cinco palabras comprensibles y que me sirvan para instruir a los demás, que diez mil palabras en lenguas*». Ciertamente no está el Apóstol hablando de cantidades exactas. Véase otro ejemplo en Mateo 18:22, donde Cristo habla de perdonar «*setenta veces siete*» para indicar que debemos perdonar todas las veces que somos ofendidos. En efecto, el número SIETE es el número completo; multiplicado por setenta nos da una cantidad infinita o sin límites.[4]

El número DIEZ se usa con el sentido de «*un buen número de veces*». En Génesis 31:7 Jacob se queja de que su tío Labán «*le ha engañado cambiándole el salario muchas veces* (*NVI*); la *RVR* traduce literalmente: «*diez veces*», aunque el sentido real es «muchas veces». Véase además Números 14:22. En Eclesiastés 6:3, Deuteronomio 32:30, Levítico 26:8 y Jueces 5:8, cien, mil, diez mil y cuarenta mil

CAPÍTULO DOS

son muestras de números redondos que significan «*una gran cantidad o cantidad indefinida*», no necesariamente «una cantidad exacta».[5] Pasa lo mismo con el número de integrantes de un ejército, como en 2 Crónicas 14:9, son más que todo calculados. Lo mismo podría afirmarse de los números del censo de David (2 Samuel 24:9 y 1 Crónicas 21:5).[6]

Discrepancias en los números

Ciertamente se dan algunas discrepancias en la presentación de cifras y números en la Biblia. Estas se deben atribuir a la transcripción en los miles de manuscritos que hoy tenemos del texto bíblico, o simplemente a diferencias en la interpretación de los mismos. Las cronologías bíblicas ofrecen dificultades especiales; otro tanto podemos decir de los números de guerreros o soldados de los ejércitos. Manuscritos y versiones diferentes nos dan cantidades diferentes. Cuando se trata de contar los enemigos muertos en batallas, hay diferencias significativas. Veamos algunos ejemplos: la Biblia hebrea nos da 1.656 años entre la creación y el diluvio. La versión griega de los LXX, 2.262 y en el Pentateuco Samaritano se habla de 1.307. La edad de Matusalén, según la Biblia hebrea, fue 969 años; el Pentateuco Samaritano le da 720. El Nuevo Testamento no se escapa de estas discrepancias. Algunos manuscritos hablan de 276 personas en el barco en el que Pablo viajó a Roma (Hechos 27:37); otros hablan solo de setenta y seis. El número de la bestia en Apocalipsis 13:18 es en algunos manuscritos 666, y en otros 616. La mejor explicación de estas discrepancias es que la transcripción del texto a través de los siglos, en miles y miles de copias hechas a mano, ha ciertamente sufrido alteraciones, y hoy es difícil, si no imposible, saber cuál fue realmente el número que aparece en los originales. Algunas disciplinas bíblicas, como la Cronología y la Arqueología y otras, nos ayudan hoy en día a buscar fechas y cifras aproximadas a la realidad. De todos modos, estos números no son esenciales para nuestra fe o salvación, que no dependen de una cifra u otra; lo que sí nos enseñan es a ser muy cuidadosos en la interpretación literalista de los números bíblicos. Como lo hemos estado viendo, y seguiremos estudiando, los números proféticos o apocalípticos son en buena parte simbólicos y debemos tratarlos como tales. Cuando nos ponemos a hacer matemáticas con los números bíblicos, casi siempre resulta que no nos salen las cuentas o entramos al terreno de la fantasía y de las interpretaciones acomodaticias.

Las operaciones matemáticas y el uso libre de los números

En el Antiguo Testamento se mencionan la suma en Números 1:11 ss; la resta o sustracción en Levítico 27:18 y la multiplicación en Levítico 25:8-9. Es evidente en muchos pasajes que los números se usan como cantidades aproximadas, a veces exageradas, sin pretender dar una cifra exacta. Por ejemplo, los números dos, tres, cuatro y cinco se utilizan con el significado de «unos cuantos» o «unos pocos» en 1 Reyes 17:12; Levítico 26:8; 2 Reyes 6:10; Isaías 17:6; Amós 1:3 ss; Proverbios 30:15 ss. En el Nuevo Testamento se usa un número redondo (diez mil) para expresar muchos o muchas, o se agregan ceros a los números primarios para indicar multitud (1 Corintios 14:19; Mateo 14:21; Marcos 6:44; Lucas 9:14 y Juan 6:10). Jesús usa el número completo SIETE multiplicado por sí mismo y elevado a la décima potencia para enfatizar la necesidad del perdón cada vez que somos ofendidos (Mateo 18:22).[7]

El diez puede equivaler a «un buen número de veces». Ejemplo: Génesis 31:7, donde se expresa que Labán le cambió a Jacob sus salarios «diez veces». (Véase además Números 14:22.) Algo parecido podrá decirse del número cuarenta, que podrá indicar el lapso de una generación, o un número considerable de años. De este modo se habla que Saúl, David y Salomón reinaron cada uno cuarenta o cuarenta y dos años (1 Samuel 13:1; 2 Samuel 5:4; 1 Reyes 2:11). Se habla también que el país gozó de paz por cuarenta años (véase, por ejemplo, Jueces 3:11; 5:31; 8:28). En la misma forma se usa el número cien como un largo número de años (Eclesiastés 6:3). Mil, diez mil y cuarenta mil son números redondos con significación de una cantidad o duración indefinida muy larga (Deuteronomio 2:30; Levítico 26:8; Jueces 5:8).[8]

Cómo interpretar correctamente los números

Si algo es claro hasta aquí es que en muchos casos los números en la Biblia no son matemática, sino que tienen un valor simbólico. Por eso no pueden siempre interpretarse como cantidades exactas. Las mismas reglas hermenéuticas y exegéticas usadas para interpretar nombres, colores y símbolos en general, deben utilizarse en la interpretación de los números. Y la primera de las reglas que estas disciplinas nos enseñan es la de la observación y contextualización: un estudio detenido y profundo del pasaje donde ocurren. El procedimiento es el que los expertos llaman «*sensus loquenddi*» o «*sentido corriente*», el que le da en primer término el escritor de acuerdo con lo que quiere transmitir. El contexto en el que aparece el número es fundamental. Es evidente, por ejemplo, que cuando el autor de Apocalipsis nos habla de 144.000 sellados que heredarán la vida eterna, no intenta dar números exactos sino simbólicos. Estos se dan en el contexto de los redimidos por la sangre del Cordero, que rodearán su trono. Todos pertenecen al pueblo de Dios, tanto del Antiguo como del Nuevo Testamento, representado por el número doce: doce tribus, doce apóstoles. El número 144 es simplemente el resultado de 12 x 12, al que se le agrega

CAPÍTULO DOS

mil, que indica multitud indeterminada, como ya lo hemos dicho en este escrito.[9]

Otra importante regla de interpretación consiste en evitar explicaciones demasiado literalistas, subjetivas, superficiales y arbitrarias. Como lo estamos viendo en este estudio, cada número tiene una especial significación en las Escrituras; y si nos atenemos a este significado, conseguiremos extraer mejor el mensaje de cada pasaje, mucho más que si insistimos en sumar, restar, multiplicar y dividir, queriendo hacer una interpretación matemática de los números. En términos generales, hay consistencia en toda la Biblia en el uso de los números, como medios de transmisión de un mensaje. Eso nos permite hacer un estudio comparativo de los diversos pasajes en que cada número aparece. Descubrimos así unas pautas más o menos uniformes de interpretación, que podemos aplicar en cada caso, teniendo en cuenta, por supuesto, el contexto y las circunstancias de cada pasaje.[10]

CAPÍTULO DOS

NOTAS

[1] Véase cuadro de equivalencies de números y letras al final del libro. Véase además Tyndale, *The Illustrated Bible Dictionary* Tomo 2. Sydney: Inter-Varsity Press. 1080. p. 1099.

[2] Lothar Coenen et. al, *Diccionario teológico del Nuevo Testamento*, Vol. II. Salamanca: Ediciones Sígueme, 1999. pp.183-84.

[3] Grant R. Osborne, *The Hermeneutical Spiral*. Inter-Varsity Press, 1991, p. 196.

[4] Gerhard Kittel y Gerhard Friedrich, *Compendio del diccionaro teológico del Nuevo Testamento*. Grand Rapids: Libros Desafío, 2002. p. 240.

[5] Terry Milton S., *Biblical Hermeneutics*. Grand Rapids: Zondervan Publishing House, 1990. p. 390.

[6] Gleason L. Archer, *Encyclopedia of Bible Difficulties*. Grand Rapids: Zondervan Publishing House. 1982. pp. 188-89.

[7] Coenen et. al, *Op. cit.* p. 185.

[8] *The Illustrated Bible Dictionary*, *Op. cit.* p. 1100.

[9] Coenen et. al, *Op. cit.* pp. 186-87.

[10] Kittel y Friedrich, *Op. cit.* p. 83.

CAPÍTULO TRES

EL UNO

SIGNIFICADO GENERAL

El UNO es fundamento de todo y expresión del Ser Supremo. Al no incluir otro número, excluye la posibilidad de diferencia. Pero es origen de todos los otros números y señala el inicio de las cosas.

Diferentes significados del UNO

Los términos «uno», «lo uno», «el uno» y «unidad» tienen diferentes significados. «Uno» puede significar el número 1; o «uno de muchos», «uno de tantos»; o puede identificar a uno de los miembros de una clase especial, como cuando decimos: «Pablo es *un* músico»; o inclusive una subclase de una clase, como cuando afirmamos: «El hombre es *un* animal racional», «el animal es *un* ser viviente». Con el UNO identificamos al Ser supremo, o «el UNO trascendental».[1]

La UNIDAD identifica o designa el carácter de ser «uno», en cualquier sentido: ya sea como miembro de una clase o como número. El número uno ha dado pie a multitud de especulaciones filosóficas o de otro orden que llamamos *numerología*. Lo primero que se descubre a través de estas especulaciones es que el uno (1) es diferente a los otros números. En efecto, el resto de los números, con la excepción del cero (0), son más que uno. Nos damos cuenta de que el uno se contrapone a los «varios»; es decir, que existe una contraposición entre la unidad y la pluralidad.[2]

Los números enteros y el UNO

La especulación numerológica que hemos mencionado nos lleva a ver que cualquier número entero está compuesto de unos. Es decir, que el UNO engendra a los otros números; y definimos a los otros números con base en el «uno». Para muchos el número UNO es indefinible y algunos lo consideran incluso como «no número». Sabemos que es el primer número impar, aunque en realidad es un número «par-impar», porque agregado a otro número impar, produce un número par; y agregado a un número par, produce uno impar. El cero (0) y el uno (1) son números preeminentes, es decir, básicos para los otros números, y de fundamental importancia para entenderlos. En efecto, el cero es la negación de todo número, y el uno es la base de todos ellos. Por otra parte el cero se contrapone radicalmente al uno; el uno divide todos los números, mientras que el cero no divide ningún número; el uno no es dividido por ningún número, mientras que el cero es dividido por todos los números.[3]

El UNO, número primordial

Los egipcios describían el tiempo primordial, que descansaba en sí mismo, antes del desarrollo del tiempo cronológico, con la expresión: «*Antes de que hubiera DOS cosas en este mundo*». Por eso, considerado en sí mismo, el uno no es aún número y llega a serlo solo cuando surge «otro» u «otros», que lo contrastan.

Efectivamente, como hemos dicho, del uno derivan todos los otros números, aunque en su propia realidad y definición excluye cualquier pluralidad. Pero además, el uno es fundamento de todo, como expresión del «*Ser en sí mismo*», o como lo identifican los filósofos, «*el summum esse*» («el ser supremo»), que en el lenguaje religioso equivale a Dios.

La mística judía encarnada en la cábala identifica al uno originario *(En-soph)*, como infinito e ilimitado, que tiene características de creador, pues de él emanan o surgen los diez números arquetipo (*sephiroth*), que constituyen las fuerzas básicas o fundamentales del ser.

La filosofía china antigua identifica al uno como el *Tai yi*, fundamento primero del ser; lo primero de todo, lo que está antes de todo y del que surgen los dos polos ontológicos contrastantes del *yin* y el *yang*. Del *yin* y el *yang* nacen cinco elementos o «estados» de cambios, los cuales producen las diez mil cosas (*wan wu*) que vemos en el universo.[4]

El UNO como símbolo del centro cósmico y ontológico

El UNO representa el principio y el centro de todo. De él nacen todas las manifestaciones múltiples y variadas de todo ser. El uno es el lugar esencial de toda criatura, de donde parte y hacia donde llega, cuando agota su existencia. Por eso el uno se convierte en el principio activo y creador, el centro cósmico y ontológico. El mismo Dios, como fuente de toda vida y Creador de toda existencia, es uno en sí mismo e indivisible.

Dicho de otra forma, el UNO es el principio del que derivan todos los demás, de donde se parte para hacer cualquier cosa. Todo ser, para «ser algo real», debe tener unidad; aunque esté compuesto de muchas partes, en esencia es uno: un solo y único ser. De aquí que afirmemos que el UNO es el centro cósmico y ontológico de todo lo que existe. Este centro debe ser «uno», «único». No pueden darse dos centros: un solo centro cosmológico y espiritual. De Dios decimos, como ser absoluto, que es UNO e inmensurable; no se puede medir porque carece de partes: es uno y único; y además es trascendente porque escapa a toda medida.[5]

CAPÍTULO TRES

Representaciones del UNO

«*El hombre en pie*» es la frase simbólica utilizada frecuentemente por los antropólogos para identificar al uno. El «*ser eréctil*», el que camina derecho. Desde tiempos antiguos se usaron monumentos de piedras verticales erguidas, en forma de falos erectos, bastones o varas levantadas, como símbolos a la vez del uno y del hombre en pie de guerra, listo para la lucha por la vida, como elemento activo de la obra creadora.[6]

Para los egipcios el UNO señala al dios universal que todo lo abraza: Amón-Ra es el señor del cielo y de la tierra y puede ser llamado el «uno» y «único». Los iranios representan a su «dios único» con el *yak* («*uno*»), cuyo nombre se escribe de la misma manera que la letra *alif* («*a*»), primera letra del alfabeto árabe-pérsico.[7]

El «uno» y la «unicidad»

Son dos conceptos diferentes. La «unicidad» se aplica al ser absoluto, trascendente, inmensurable. Se aplica a Dios, que es «único». El concepto de «uno» admite multiplicidad. Puede inclusive ser fuente de la misma; en este sentido no todo «uno» es «único».

El uno puede ser fuente de muchos, y en su realidad puede darse alguna variedad de pluralismo interno y externo. Además de ser símbolo del ser, el UNO puede significar otras cosas, como por ejemplo, la revelación o el conocimiento que nos eleva a niveles superiores. El UNO simboliza también la «fuerza mística» o atracción del espíritu, que se irradia como el sol sobre las almas superiores. La «fuerza mística» es unitiva, tiende a unirnos con el Ser Superior, a penetrar en su realidad y misterio, a cumplir su voluntad y participar de su vida.

El UNO y la religión y cultura islámicas

«*No hay otro dios que Dios el Único*», afirmaban los

héroes de las leyendas caballerescas pertenecientes a la cultura islámica que cubrió todo el Oriente e invadió parte del Occidente. Este y otros conceptos religiosos constituían la identidad de todo el mundo musulmán. Al saludar, el caballero o héroe expresaba su convicción íntima cuando decía: «*Mi saludo en esta corte va al que sabe que en los dieciocho mil universos Dios es Uno*».[8] Y este Dios se identificaba casi siempre con la cifra UNO (1).

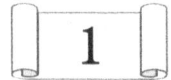

SIGNIFICADO BÍBLICO

El número fundamental

Aunque de poco uso en la Biblia, cuando esto ocurre adquiere especial significado. Como hemos dicho, es el número «base», «fuente»; el número fundamental, punto de partida para todos los demás números. Hicimos también notar que el UNO tiene un valor y significado «místicos». Este se realza en la Biblia como número de unidad. Es el número clave de la fe de Israel y de su fórmula básica de fe: «*Escucha, Israel: El Señor, nuestro Dios es el único Señor*» (Deuteronomio 6:4).

Igual concepto lo encontramos en Marcos 12:29-32; Hechos 17:26; 1 Corintios 8:4.[9]

El número del comienzo

Como sabemos, el primer libro de la Biblia comienza con la palabra «*bereshit*»: «*en el principio*». El UNO, siendo el origen de los otros números, denota «comienzo». Tenemos en el Antiguo Testamento varias palabras para identificar al UNO: «*yacheed*», que significa «uno solo» o «sólo uno»; y «*echad*», que significa «*uno entre otros*». En Génesis 22:2, el autor bíblico usa la primera acepción: «*Y Dios le ordenó [a Abraham]: Toma a tu hijo, el único que tienes y al que tanto amas, y ve a la región de Moria. Una vez allí, ofrécelo como holocausto en el monte que yo te indicaré*».

El segundo significado («*echad*»: «*uno entre otros*»), lo encontramos en Génesis 2:24: «*Por eso el hombre deja a su padre y a su madre y se une a su mujer, y los dos se funden en un solo ser*».

«*Yacheed*» nunca se usa para identificar a Dios; se usa «*echad*»: «*uno entre otros*», lo que puede indicar la Trinidad, que es una unidad compuesta, «uno en tres»: un Dios en tres personas. Es la misma expresión que encontramos en la confesión de fe de Israel de Deuteronómio 6:4, que ya citamos. También aquí se usa «*echad*». Igual que en Zacarías 14: 9, nos habla del Reino venidero donde uno solo será el Rey:[10] «*El Señor reinará sobre toda la tierra. En aquel día el Señor será el único Dios, y su nombre será el único nombre*».

El concepto de unidad y de primacía

El número UNO se usa básicamente en las Escrituras como expresión de unidad y unicidad. Es el sentido que ya hemos visto en la confesión básica de Israel de Deuteronomio 6:4. El Dios de Israel es no sólo UNO, sino ÚNICO. El número UNO se usa aquí en sentido literal. Este es el uso y sentido del número uno que con más frecuencia descubrimos en la Biblia: la raza humana surgió de UNO. Pero al concepto de unidad va unido el de primacía o precedencia: «*De un solo hombre hizo todas las naciones, para que habitaran toda la tierra...*» (Hechos 17:26).

El pecado entra al mundo por UN hombre: «*Por medio de un solo hombre el pecado entró en el mundo, y por medio del pecado entró la muerte*»» (Romanos 5:12).

El libro de Génesis describe la unidad de la especie humana y su destino en Adán, después de la caída. El juda-

CAPÍTULO TRES

ísmo desarrolla esta idea, ya sea en el sentido de pecado original o de pecados individuales que comienzan con Adán, como padre de la humanidad. En el Nuevo Testamento se insiste en el origen único de la humanidad: «*De un solo hombre hizo todas las naciones para que habitaran toda la tierra; y determinó los períodos de la historia y las fronteras de su territorio*» (Hechos 17:26).

La historia de Adán es la del origen del pecado y de sus consecuencias (Romanos 5:12). La caída se da históricamente de una vez por todas; es decir, tiene lugar una sola vez, pero desata la propensión del ser humano al pecado y la maldad. Se convierte entonces en el principio del pecado que engloba a todos los miembros de la raza humana.

Cristo y la unidad de la comunidad redimida

Adán apunta más allá de sí mismo hacia el segundo hombre, Cristo (Romanos 5:14; 1 Corintios 15:47). Así como en Adán todos mueren, en Cristo todos pueden ser vivificados (1 Corintios 15:21-22). En este antitipo de Adán se le da a la humanidad la posibilidad de un nuevo comienzo y un nuevo principio (Romanos 5:18). Jesucristo se constituye en cabeza de una nueva humanidad. Siendo el Hijo unigénito de Dios, nos trasmite, por la gracia de su muerte y resurrección, esa misma condición de «llegar a ser hijos de su Padre».

Es así como por un hombre, Adán, heredamos el pecado y la muerte; y por un hombre, cuyo nombre es Jesucristo, heredamos el don de la gracia: «*Pues si por la trasgresión de un solo hombre murieron todos, ¡cuánto más el don que vino por la gracia de un solo hombre, Jesucristo, abundó para todos!*» (Romanos 5:15b).

El sacrificio de Cristo en la cruz se ofrece **una vez** por todas: «*A diferencia de los otros sumos sacerdotes, él no tiene que ofrecer sacrificios día tras día..., porque él ofreció el sacrificio una sola vez y para siempre cuando se ofreció a sí mismo*» (Hebreos 7:27).

CAPÍTULO TRES

Cristo es el «primogénito» de la resurrección (Colosenses 1:18), el que fue levantado de entre los muertos como *«primicia de los que murieron»* (1 Corintios 15:20). Él pone fin a toda la historia anterior y le da a la historia un nuevo comienzo (Hebreos 10:11 ss.). Él es el uno para todos (Juan 11:50; 1 Corintios 15:3). El hecho de Jesús no es simplemente un solo acontecimiento ni se limita a ilustrar una ley eterna; es absolutamente decisivo como punto de encuentro de todas las líneas históricas.

El destino de la nueva humanidad está fijado en Cristo, así como el de la antigua humanidad estaba fijado en Adán. Cuando decimos la frase *«en Cristo»*, denotamos la unidad del pueblo de Dios (Gálatas 3:28; Romanos 12:5). Él es la cabeza a la cual la iglesia, como su cuerpo, está sujeta (Colosenses 2:10).[11]

Diferentes nociones de unidad

Unidad de autoridad. 1 Reyes 6: 23-28 nos da, de una manera gráfica, esta noción de unidad cuando se nos presentan los dos querubines que llenaban con sus alas el templo de Salomón de pared a pared. Los dos se fundían en una sola figura; ambos tenían el mismo tamaño y forma, constituyendo una unidad que representaba la unidad de presencia y autoridad divinas que abarcan todos los ámbitos de su templo, como abarca la vida y existencia completa del hombre.

Unidad de adoración. El culto al Dios único de Israel era uno solo. Esta regla se vive, proclama y practica en toda la historia del pueblo de Dios. Un ejemplo es el de Ezequías, quien, al subir al trono, se impuso como su primera obligación destruir todos los templos y altares a los falsos dioses, y *«ordenó a Judá y Jerusalén adorar en **un** solo altar, y sólo en él quemar incienso»* (2 Crónicas 32: 12).

Unidad de linaje. Es un punto que se enfatiza en muchos pasajes bíblicos. Las famosas genealogías que encontramos en muchos libros del Antiguo y Nuevo

CAPÍTULO TRES

Testamentos, incluyendo la de Cristo en Mateo 1 y Lucas 3, muestran que determinado personaje pertenece a una familia que se prolonga hasta los grandes patriarcas del pueblo escogido, como David, Jacob y Abraham. Esta noción de unidad de linaje la usa Pablo cuando, en su discurso en el Areópago de la colina de Marte en Atenas, habla del Dios desconocido, aquel «...*que da vida a todas las cosas. De* **un** *solo hombre hizo todas las naciones para que habitaran toda la tierra...*» (Hechos 17:25b-26).[12]

Unidad de Cristo con su Padre

El UNO se utiliza también para expresar la unidad entre Cristo y su Padre. «*El Padre y yo somos* **uno**» (Juan 10:30). Esta unidad es más que orgánica; es una unidad de pensamiento y voluntad que se expresa en multitud de acciones y palabras, como las que el Salmo 40:7b-8 atribuye a Jesús como Mesías: «*Aquí me tienes —como el libro dice de mí—. Me agrada, Dios mío, hacer tu voluntad; tu ley la llevo dentro de mí*». O las que el mismo Jesús pronuncia como respuesta a la pregunta impertinente de Felipe de que les muestre al Padre: «*¡Pero, Felipe! ¿Tanto tiempo llevo ya entre ustedes, y todavía no me conoces?¿Cómo puedes decirme: 'Muéstranos al Padre?' ¿Acaso no crees en que yo estoy en el Padre, y que el Padre está en mí...?*» (Juan 14:9-14).

Esta unidad de linaje y propósito es la que defiende delante de sus padres en la tierra, José y María, cuando, angustiados, lo encuentran en el templo discutiendo con los doctores, y le reclaman por qué ha hecho eso: «*¿Por qué me buscaban?¿ No sabían que tengo que estar en la casa de mi Padre?*» (Lucas 2:49). Algunos manuscritos tienen «*en las cosas de mi Padre*». Para nuestro propósito, ambas expresiones manifiestan unidad de voluntad.

CAPÍTULO TRES

Unidad de los creyentes

Esta se debe dar en primer lugar con Cristo y el Padre, según lo pide el Maestro en su oración de despedida, la víspera de su pasión:

> *No ruego sólo por éstos. Ruego también por los que han de creer en mí por el mensaje de ellos, para que **todos sean uno**. Padre, así como tú estás en mí y yo estoy en ti, permite que ellos también estén en nosotros, para que el mundo crea que tú me has enviado* (Juan 17:20-22).

Véase además Gálatas 3:28: «*Ya no hay judío ni griego, esclavo ni libre, hombre ni mujer, sino que todos ustedes son **uno solo** en Cristo Jesús*».

El UNO como símbolo de la unidad en la Iglesia

Uno de los textos clásicos de la unidad integral de los cristianos, como un solo pueblo, aparece en Efesios 4:4-6: *Hay **un** solo cuerpo y **un** solo Espíritu, así como también fueron llamados a **una** sola esperanza; un solo Señor, **una** sola fe, **un** solo bautismo; **un** solo Dios y Padre de todos, que está sobre todos y por medio de todos y en todos.*

Son siete «unos» que identifican siete verdades fundamentales sobre las que se afirma la unidad del cuerpo de Cristo, la Iglesia. Y en el centro de las siete está «***un solo Señor***».

La unidad de la iglesia

La unidad de la iglesia no es uniformidad; es una unidad orgánica. Existen diferencias entre los miembros, es decir, entre ricos y pobres, o entre hombres y mujeres. Estas diferencias no se eliminan sino que trascienden. Brotan otras diferencias, por ejemplo, entre los fuertes y los débiles. También el Espíritu se manifiesta en una rica pluralidad de

CAPÍTULO TRES

carismas (1 Corintios 12:11 ss). Pablo habla de una variedad de condiciones humanas: judíos y gentiles, hombres y mujeres, libres y esclavos, unidos por un único Salvador, una fe, un bautismo y un Espíritu. La unidad en Cristo, como fruto del acontecimiento histórico de la salvación, fruto de la muerte y resurrección de Jesucristo, se hace efectiva y real sólo cuando la vivimos y testimoniamos como una vivencia cotidiana de fe, en pensamiento y acción (véanse Efesios 4:3; Filipenses 1:27; Romanos 12:6; Hechos 4:32).

Esta unidad de la comunidad de fe se debe extender a la comunidad nuclear de la familia —al hogar— que debe nacer, como lo dice el libro de Génesis y lo repite Jesucristo, de la unidad de un hombre y una mujer:

> *Por eso dejará el hombre a su padre y a su madre, y se unirá a su esposa, y los dos llegarán a ser **un** solo cuerpo. Así que ya no son dos, sino **uno** solo. Por tanto, lo que Dios ha unido que no lo separe el hombre* (Mateo 19:5-6; véase Génesis 2:24).[13]

Conclusión y resumen

En la Biblia en general, y particularmente en el Nuevo Testamento, se usa menos la palabra *uno (eis)*, como dígito. Con más frecuencia se usa con el significado de *«único»*, *«una vez por todas»*, *«singular»*, *«unánime»*, *«uno de muchos»* o *«sólo uno»*. Teológicamente, el rasgo más importante del uno en la Biblia es que Dios es uno solo (Deuteronomio 6:4). Nadie se puede comparar a él (Marcos 12:29). Solamente en él se encuentra explicación al origen y el fin del Universo. La historia de la salvación, como parte de la historia del hombre, es una y desemboca en el único protagonista de la misma: Cristo, el único Salvador, Mesías. Por eso el *dualismo* no tiene sentido en la Biblia y sus enseñanzas. Sólo podemos servir a un Señor (Mateo 6:24), y vivir

CAPÍTULO TRES

unidos a él (1 Corintios 6:17). Esta unión ejemplariza otras uniones sagradas como la del matrimonio (Efesios 5:31). Por eso, para el creyente todo depende de una sola cosa: desprendernos de todo para unirnos a Cristo (Marcos 10:21). La Ley se resume en un solo mandamiento (Santiago 2:10). En Adán la humanidad definió su destino de una vez por todas; y este destino es «uno» y «el mismo» para todos: el pecado y la perdición, alejados de Dios. En Cristo todos hallamos redención de este destino y volvemos a una unidad de fe, amor, espíritu y propósito, formando una sola comunidad en Cristo, por Cristo y con Cristo, que es la Iglesia.[14]

CAPÍTULO TRES

NOTAS

1 Robert D. Johnston, *Los números en la Biblia*. Grand Rapids: Editorial Portavoz, 1998. p. 39.
2 Jean Chevalier y Alain Gheerbrant, *Diccionario de los símbolos*. Barcelona: Editorial Herder, 1995. pp. 276-77.
3 Idem. pp. 1039-40.
4 Manfred Lurker, *El mensaje de los símbolos*. Barcelona: Editorial Herder, 1992. p. 139.
5 Olivier Beigbeder, *Léxico de los símbolos*. Vol. 15. Madrid: Ediciones Encuentro, 1989. pp. 319-20.
6 Jean Chevalier y Alain Gheerbrant, *Op. cit.* p. 1039.
7 J. D. Douglas et al, *New Bible Dictionary*. Leicester, Inter-Varsity Press, 1993. p. 31.
8 Jean Chevalier y Alain Gheerbrant, *Op. cit.* p.1039.
9 Milton Terry et al, *Biblical Hermeneutics*. Grand Rapids: Zondervan Publishing House, p. 380.
10 Robert D. Johnston, *Op. cit.* p. 40.
11 Lothar Coenen et al, *Diccionario teológico del Nuevo Testamento*. Vol. II. Salamanca: Ediciones Sígueme, 1999, pp. 751-57.
12 Maximiliano García Cordero, *Teología de la Biblia*. Tomo III. Madrid: Biblioteca de Autores Cristianos, 1972. pp. 339-373.
13 Gerard Kittel et al, *Compendio del Diccionario teológico del Nuevo Testamento*. Grand Rapids: Libros Desafío, pp. 214-15.
14 Juan Mateos y Fernando Camacho, *Evangelio, figuras y símbolos*. Córdoba: Ediciones El Almendro, 1989. p. 82.

CAPÍTULO CUATRO

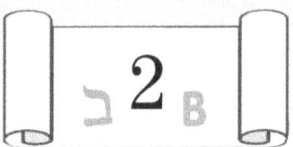

EL DOS

SIGNIFICADO GENERAL

El DOS establece una tensión, al contrastar al UNO. Es el número tanto del contraste como de la complementación. Puede representar el mal si simboliza división; o complementación y reafirmación si añade y confirma. Es el número del testimonio, que necesita de DOS para ser válido.

El DOS, número de la tensión

El DOS (2) es un número antagónico. Con él le surge al UNO oposición y contraste. Crea tensión al establecer dos polos; bipolaridad que penetra toda la creación. DOS significa «otro» que se opone al UNO o lo complementa. Por eso se dice que el DOS es símbolo de confrontación y conflicto. Provoca la reflexión porque presenta alternativas; pero a la vez amenaza a la unidad al contrastarla y establece equilibrios al representar «otra opción». Es, pues, la cifra de las ambivalencias o dobles valores y de las divisiones y desdoblamientos.

Mientras que el UNO es el número de lo absoluto, eterno, divino e increado, el DOS representa todo lo que surge como producción del encuentro de dos seres, dos sexos o dos voluntades. Al ser un número compuesto de dos UNOS, puede descomponerse, separarse, destruirse. Está sujeto a la ley de la vida y de la muerte. Por eso es imperfecto; donde hay dualidad, se da la oposición, la división, la desavenencia y la discordia, aunque los dos polos o componentes se necesiten y no puedan existir el uno sin el otro.[1]

El DOS, base de la dialéctica
El dos es base del «dualismo» en el que se basa toda dialéctica, todo combate, todo contraste, todo esfuerzo, todo movimiento múltiple. El primer DOS lo descubrimos en la creación: hay un Creador y una criatura; esta es la más radical de las divisiones. Luego vemos surgir otros dualismos fundamentales: lo blanco y lo negro, lo masculino y lo femenino, la materia y el espíritu, el tiempo y la eternidad, lo bueno y lo malo, etc. De esta ley de los contrastes y oposiciones, basada en la existencia del número DOS, surgen todos los dualismos que constituyen lo mejor y lo peor de la vida y la creación.

En la antigüedad, el DOS se atribuía a la «madre», que es la que alberga el producto creado de dos seres, que se unen para producir un nuevo ser. Por eso el DOS designa el principio femenino. Pero entre sus posibles resultados ambivalentes, el DOS y lo que representa puede promover la actividad y evolución creadoras; pero también la acción destructora.

El DOS expresa, pues, un antagonismo primero latente y luego manifiesto; una rivalidad; una reciprocidad tanto en el odio como en el amor; una oposición que puede ser de incompatibilidad o contradicción, o de complementariedad e integración.[2]

El DOS, principio de la multiplicación y la división
Gracias al DOS podemos dividir y multiplicar, y lo uno es base de lo otro; porque si podemos dividir, podemos multiplicar. Por eso necesitamos al dos tanto para el *análisis*, (que es la división de los componentes de un todo), como para la *síntesis*, que es la integración conclusiva de los

resultados últimos del análisis. Toda multiplicación es bipolar; tiene dos polos o términos: el multiplicando y el multiplicador; y aumenta o disminuye, según el signo que afecta al número.[3]

Representación del DOS

La más simple representación del DOS y su contenido es la de la imagen doble: DOS leones, DOS águilas, DOS personas, DOS palos o puntos, etc. Estas imágenes se van acrecentando en cantidad, según se vaya multiplicando el número. Pueden también disminuirse, si el DOS se convierte en factor de división; y pueden llegar a la desaparición total, cuando ya no queda más que dividir.

Diversas culturas representan al DOS en diversas formas. La simbología africana es rica en las representaciones del DOS, ya que considera el *dualismo* como la ley fundamental del cosmos: hay en el ser humano la muerte y la vida, el bien y el mal. Los dos proceden de un solo principio divino, que llaman "*Gueno*", literalmente, «*dios*». Por eso todo tiene su aspecto positivo (diurno) y su aspecto negativo (nocturno). Hay otros dualismos o dobles contrastantes, como la izquierda y la derecha, lo alto y lo bajo, lo inferior y lo superior. Todos ellos y muchos más subsisten en nuestra propia realidad humana y son evidentes fuera de nosotros en el universo que nos rodea.

Los bambara de Malí utilizan la figura de los gemelos para representar la dualidad inicial integrada por el amor y la amistad, que une los opuestos.

Los celtas utilizan el dos en una serie de figuras míticas que van de dos en dos, agrupando así caracteres opuestos o complementarios. La dualidad esencial se representaba por dos personajes, clave de la sociedad celta: el *druida*, que era el sacerdote o miembro de la clase alta, poseedor del poder y del saber sagrado; y el *guerrero*, poseedor del poder militar. Los dos eran como el cimiento de la sociedad y del gobierno, al que se le daba entidad divina: uno representa la fuerza y el otro la sabiduría de la tradición.[4]

Abundan las representaciones mitológicas del concepto dualista, representado por el número dos. Estas representaciones y conceptos dualistas llegan a la teología y a la religión. Una de las más notables es la del dualismo chino *yin* y *yang*.

El *yin* y el *yang*

El *yin* tiene dos componentes: el *yin* mismo que se representa con frecuencia por lo oscuro, las nubes, el tiempo cubierto; y el *fu* (la vertiente, la colina). El *yang* se compone por el *yang* mismo que designa el sol alto, por encima del horizonte y su acción; y por el *Fu* radical. Los dos caracteres se aplican a casi toda realidad: a lo oscuro y a lo claro, a lo alto y lo bajo, a lo plano y lo quebrado, etc. El *yin* y el *yang* constituyen los conceptos básicos de la *geomancia* (especie de magia o adivinación que emplea los cuerpos celestes, las líneas y círculos para sus predicciones y hallazgos). El *yin* y el *yang* designan en forma general el aspecto luminoso y oscuro de todas las cosas. El aspecto terreno y el celeste, el positivo y el negativo, el masculino y el femenino. En una palabra, son la base de la reciprocidad y la complementariedad. Los dos son inseparables, y el mundo se mueve al compás de su alternancia o dominio y de la preponderancia de uno u otro.[5]

El DOS, motor del progreso

Según René Allendy, en su libro *El simbolismo de los números*, «el dos es el número de la diferenciación relativa, de la reciprocidad antagonista o atractiva». Y como el progreso se opera superando, y en cierto modo negando lo que se quiere superar, el DOS es el símbolo del desarrollo diferenciado o del progreso. Es el otro en cuanto «otro». Nuestra individualidad se basa en el DOS, en cuanto nos hace «otros», frente a otros, diferentes, y a veces opuestos a lo que otros son.

El DOS en la cultura irania

En la cultura irania descubrimos al DOS relacionado con los siguientes conceptos:

El día y la noche, como partes del perpetuo vaivén del tiempo, basados en el movimiento de los astros.

El mundo del más acá y del más allá, simbolizados por dos moradas o palacios.

La vida acá en la tierra, que se representa por una casa de dos puertas; una para entrar y otra para salir: el nacimiento y la muerte. Una estancia de dos días muestra la brevedad de la vida.

Dos atmósferas representan las divergencias entre los representantes de diversas culturas y épocas.[6]

El DOS en la cultura persa

Para los persas no hay virtudes solitarias o aisladas; estas vienen por pares, duplicadas o elevadas al cuadrado, lo que significa prolongarlas hasta lo infinito. En efecto, en la simbología persa el DOS multiplica el poder indefinidamente. Por ejemplo, el mensajero o posta con dos caballos representa la máxima rapidez y velocidad; una tienda o carpa de dos compartimentos, la suprema comodidad y bienestar.[7]

Conclusión

El UNO solo es rey; expresa la perfección y tranquilidad de la unidad, negando la posibilidad de la diferencia y la alternalidad; hasta que aparece el DOS, contrincante del UNO, que niega la unidad, y le crea competencia, al significar «otro». El DOS, en efecto, hace énfasis en la diferencia, desemejanza y disparidad, dándole entidad al «otro». Esta diferencia puede ser para mal, creando y resaltando antagonismo y oposición; o para bien, si crea complementación, reafirmación y reintegración. Si el dos provoca división y separación, simboliza el mal; si expresa, promueve y realiza la unidad de dos realidades, se convierte en promotor del bien constructivo. En uno u otro caso, el DOS es un número de testimonio, para bien o para mal.

SIGNIFICADO BÍBLICO

Número abundante en las Escrituras

Encontramos referencias numerosas al número DOS en los textos escriturísticos y patrísticos. Hay en ellos infinidad de referencias a parejas: alma y cuerpo, Cristo y la iglesia, Caín y Abel, Moisés y Aarón, Esaú y Jacob, Moisés (la ley) y Elías (los profetas), reunidos con Cristo en la transfiguración del monte Tabor; dos Testamentos o alianzas, dos reinos: Israel y Judá, etc., etc. En suma, la idea se halla presente por doquier en la Biblia y la tradición cristiana.

El número del testimonio perfecto

Hemos dicho que el DOS contrasta al UNO, para bien o para mal; para afirmarlo, formando con él una unidad integrada; o para destruirlo o contrastarlo, creando una realidad opuesta o distinta. Cuando el DOS confirma o refuerza al UNO, los dos adquieren nueva fuerza y significación. Esto ocurre cuando no uno sino dos coinciden en su testimonio. Cristo habló de esto, citando el Antiguo Testamento. En el capítulo 8 del Evangelio de Juan, responde a los fariseos que lo atacaban porque él se presentaba como el propio testigo de su verdad:

CAPÍTULO CUATRO

«Aunque yo sea mi propio testigo, —repuso Jesús—, *mi testimonio es válido, porque sé de dónde he venido y a dónde voy. Pero ustedes no saben de dónde vengo ni a dónde voy. Ustedes juzgan según criterios humanos; yo, en cambio, no juzgo a nadie. Y si lo hago, mis juicios son válidos porque no los emito por mi cuenta sino en unión con el Padre que me envió. En la ley de ustedes está escrito que el testimonio de **dos** personas es válido* (Deuteronomio 17:6; 19:15). *Uno de mis testigos soy yo mismo, y el Padre que me envió también da testimonio de mí»* (Juan 8:14-18).[8]

Podríamos extender este razonamiento al conjunto de la revelación que abarca dos partes, dos alianzas, dos testimonios que llamamos Testamentos: Antiguo y Nuevo, que nos transmiten y comprueban el pensamiento y voluntad divinos para la humanidad.

De la unidad a la dualidad y a la pluralidad

Parece que al principio, cuando va a iniciar su obra creadora, Dios echa una mirada unificadora a su creación y la ve como una unidad que lo abarca todo: *«Dios, en el principio, creó los cielos y la tierra»* (Génesis 1:1).

Por alguna razón, la realidad cósmica, según el testimonio de Génesis 1:2, era un caos total, desordenado y desunido. Y Dios llega a poner orden; y en el primer día crea solo la luz, que a los ojos de Dios «era buena». Pero al crear la luz, surge el contraste negativo de las tinieblas; y Dios debe separar la luz de las tinieblas. Ya se dan dos realidades contrastantes y opuestas; y desde este primer instante se plantea una lucha que se va a dar no solo en el terreno físico, sino en todos los terrenos incluyendo el espiritual y moral, entre lo que representa la luz y lo que representan las tinieblas. Véase Juan 1:4-5, donde se describe esta lucha en la que sale vencedora la luz, como representación de la vida de Dios para los hombres: «*En él* [el Verbo] *estaba la vida, y la vida era la luz de la humanidad. Esta luz resplandece en las tinieblas, y las tinieblas no han podido extinguirla*». Se descubre aquí una «dialéctica divina» planteada en términos de lucha entre DOS fuerzas: la que representa a Dios —su luz y su vida encarnadas en Jesucristo, como Verbo Divino, Hijo del Padre y manifestación plena de su verdad— y a las fuerzas del mal, del enemigo de Dios, representados por la tinieblas. Cristo nos va a hablar de este enemigo con frecuencia, identificándolo como «*el Príncipe de las tinieblas*» (Mateo. 9:34; 12:24; Marcos. 3:22; Lucas. 11:15). E identifica la hora de su traición y prendimiento en Getsemaní como «*la hora de la potestad de las tinieblas*» (Lucas 22:53).

El DOS, número de la diferenciación

A lo largo de la Biblia descubrimos este número o la dualidad que representa, como elemento que marca diferencias. Esta diferenciación comienza desde el paraíso, cuando se dice en el libro del Génesis que Dios «*creó los cielos y la tierra*» (1:1), «*separó la luz de las tinieblas*» (1:4), «*separó las aguas que están abajo de las aguas que están arriba*» (1:7). A lo seco llamó «tierra» y al conjunto de las aguas, «mar» (1:10); y todo esto lo hizo en una sucesión repetida de «días» y «noches», hasta llegar al día sexto, cuando «*creó al ser humano a su imagen y semejanza; lo creó a imagen de Dios. Hombre y mujer los creó*» (1:26-27).

Esta diferenciación entre dos se continúa a través de todo el libro del Génesis, en lo que llamamos los *Toledots* o generaciones y clanes humanos, unos elegidos y otros rechazados por Dios, que están representados por un nombre: Abel y Caín, Abraham y Lot, Isaac e Ismael, Jacob y Esaú, etc.

CAPÍTULO CUATRO

El número de la integración

Cuando dos «unos» se integran y complementan, crean una unidad fuerte y a veces indestructible, sobre todo si en su integración interviene la voluntad y mandato divinos. Esto es evidente en la integración humana del hombre y la mujer en el matrimonio que forma la familia humana, y está testimoniado por la exclamación de sorpresa del primer varón, cuando Dios le presentó a su compañera: «*Esta sí es hueso de mis huesos y carne de mi carne. Se llamará 'mujer', porque del hombre fue sacada*» (Génesis 2:23).

Y a renglón seguido el autor sagrado comenta: «*Por eso el hombre deja a su padre y a su madre, y se une a su mujer, y los DOS se funden en un solo ser*» (Génesis 2:24).

Cristo va a reafirmar este mandato integrador del hombre y la mujer en la unidad del matrimonio, base de la familia. (Véanse Mateo 19:5; Marcos 10:7-8.)

Esta integración de la familia humana repercute en la integración de parejas, en el resto de la naturaleza creada, en la cual para ser productiva y reproductiva se necesitan DOS, que se integren en pareja. Los dos sexos no son cualidades adquiridas o realidades psicosomáticas accidentales, sino esenciales, creadas y queridas intencionalmente por Dios. Los seres de la creación divina se reproducen gracias al encuentro de un macho y una hembra, o algo que lo represente, como elemento diferenciado masculino y femenino. No fue mero capricho de Noé el ingresar al arca animales de todas las especies en parejas. Muy clara y elocuentemente dice el texto sagrado:

> *Noé hizo todo de acuerdo con lo que el Señor le había mandado...De los animales puros e impuros, de las aves y de todos los seres que se arrastran por el suelo, entraron con Noé* **por parejas**, *el macho y su hembra, tal como Dios se lo había mandado* (Génesis 7:5, 8-9).[9]

CAPÍTULO CUATRO

Esta integración puede darse a nivel de compañerismo y trabajo, como cuando Josué envió secretamente desde Sitín a DOS espías a explorar la tierra prometida, y de manera particular la ciudad de Jericó, lugar de entrada a esa tierra que debían conquistar a sangre y fuego. (Véase el capítulo 2 de Josué.) Cristo también envió en grupos de a DOS a sus doce discípulos (Marcos 6: 6-13; Mateo 10:1-10; Lucas 9:1, 3-6). En Lucas 10: 1-24 se habla de setenta y dos enviados así mismo por parejas, por el Maestro. Lo que vemos es que al Señor le bastan dos o tres, para hacerse presente y reforzar su oración y acción:

> «Además les digo que si **dos** de ustedes en la tierra se ponen de acuerdo sobre cualquier cosa que pidan, les será concedida por mi Padre que está en el cielo. Porque donde **dos** o tres se reúnen en mi nombre, allí estoy yo en medio de ellos» (Mateo 18:19-20).[10]

El DOS, número ritual

Por alguna razón los mandamientos de la Ley de Dios le fueron entregados a Moisés en el monte Sinaí, en DOS tablas (Éxodo 31:18). Su contenido delinea claramente mandamientos que se refieren a Dios y mandamientos que se refieren al hombre en sí mismo y en la persona de su prójimo, mandamientos que regulan por partida doble las relaciones del hombre con Dios y de los seres humanos entre sí. Esta doble vertiente de la ley es la que la hace perfecta. Y para que no quedara duda, Cristo integra la doble vertiente hacia Dios y hacia el hombre en una sola, en su sabia y contundente respuesta al experto de la ley que le quiso poner una trampa con la pregunta:

> «Maestro, ¿cuál es el mandamiento más importante de la ley?»

CAPÍTULO CUATRO

«*Ama al Señor tu Dios con todo tu corazón, con todo tu ser y con toda tu mente*» —*le respondió Jesús*—. *Éste es el primero y más importante de los mandamientos. El segundo se parece a éste: "Ama a tu prójimo como a ti mismo". De estos dos mandamientos dependen toda la ley y los profetas*» (Mateo 22:36-40).[11]

Otras expresiones rituales del número DOS las tenemos en los mandatos de presentar dos tortolitas o dos palomas como expresión de expiación de los pecados confesados (Levítico 5:7). De igual forma el leproso curado debía presentarse al sacerdote en el templo con dos avecillas (Levítico 14:4). En este mismo libro del Levítico, Dios da a Moisés las reglas para el sacrificio expiatorio por el pueblo, en el que dos machos cabríos debían ser seleccionados por Aarón a través de un rito largo y cuidadoso que incluía el sacrificio de uno de los animales y la largada al desierto del otro animal vivo, después de imponer sobre él todos los pecados del pueblo. «*Y se llevará a tierra árida todas las iniquidades*» (véase Levítico, capítulo 16).[12]

Número del testimonio alternativo

Las dos columnas de bronce que Salomón mandó construir a la entrada del templo de Jerusalén servían de testimonio de la grandeza del Rey, y sobre todo de la majestad del Dios que se adoraba dentro del santuario. La belleza e imponencia de los dos baluartes sobrecogían al que ingresaba al templo y necesariamente les hacía levantar la mirada hacia lo alto buscando al Altísimo, Dios soberano y eterno que habitaba en las altura. El pasaje de 1 Reyes 7:13-22 abunda en el número DOS. Las *dos* columnas de ocho metros de alto y cinco metros y medio de circunferencia remataban en *dos* capiteles de bronce de *dos* metros y vein-

CAPÍTULO CUATRO

ticinco centímetros de alto. El capitel de cada columna estaba cubierto por *dos* hileras de granadas. Cuando se dividió el reino, a la muerte de Salomón, Jeroboán, rey de Israel en el norte, quiso atraer al pueblo a sus santuarios de Samaria, construyendo dos becerros de oro (1 Reyes 12:28), que se convirtieron en el testimonio de la idolatría del pueblo de Dios. Todo esto provocó el surgimiento de los dos profetas, Elías y Eliseo (2 Reyes 2), que salieron por los fueros del Dios verdadero, Yahvé, y dieron testimonio de su fidelidad.[13]

Las dos puertas y los dos caminos. En el Nuevo Testamento el DOS lo utiliza el mismo Jesús para plantear las alternativas de las dos puertas y los dos caminos. La elección de uno u otro testimonia nuestra fe y convicción y marca para siempre nuestro destino. Jesús plantea el asunto de la manera siguiente: «*Entren por la puerta estrecha. Porque es ancha la puerta y espacioso el camino que conduce a la destrucción, y muchos entran por ella. Pero estrecha es la puerta y angosto el camino que conduce a la vida, y son pocos los que la encuentran*» (Mateo 7:13-14).

Los dos ciegos de Mateo 9:27-31 representan, para algunos comentaristas, a un Israel cegado por sus tradiciones, que no quiso ver en Jesús al Mesías enviado para su bien y salvación; y se convertirían en prueba y testimonio de la dureza de corazón y ceguera espiritual que solo la intervención de Dios o Jesucristo pueden curar.[14]

El DOS marca los «enemigos»

Algunos ven en el segundo Salmo de cada uno de los cinco libros en que se divide el salterio, un cántico alusivo a los enemigos de Dios y de sus siervos. El salmista de alguna manera se lamenta o canta la derrota de los que lo atacan o atacan a su Dios. El Salmo 2 describe a los reyes de la tierra confabulándose contra el Señor y anticipa su derrota total. El Salmo 43 clama por justicia ante la «gente mentirosa y perversa» y se queja de la opresión injusta del enemigo. El Salmo 74 reclama la acción de Dios contra el «adversario que se ríe de Dios» y «el enemigo que lo insulta». El Salmo 91 describe la seguridad de quien se acoge «a la sombra del Todopoderoso» y la derrota total de los impíos. Y por último, el Salmo 108 narra el triunfo contra el enemigo, para terminar gritando: *«Con Dios obtendremos la victoria; ¡él pisoteará a nuestros enemigos!»* (v. 13).

Conclusión

El simbolismo del número DOS campea en miles de pasajes de la Biblia; solo que hay que aguzar la vista para descubrirlo. Ya a los padres primitivos de la Iglesia les sorprendía que Dios, el día segundo de la creación, tras separar las aguas superiores de las inferiores, no pronunciara la frase concebida de que *«todo estaba bien»* o *«era bueno»*, que encontramos en todo el pasaje de la creación (Génesis 1:6-10). Por otra parte, el primer hombre que vivía en el paraíso en armonía con el Creador, en unidad de pensamiento y propósitos, al convertirse en dos criaturas humanas por la creación de la mujer, falla y se quiebra. Ahora se hacen evidentes las diferencias; son dos personas y dos voluntades y el enemigo se aprovecha de esta realidad. Y con la pérdida de la inocencia, pierden la armonía y la integración; entran a un mundo dual, dividido entre el bien y el mal, la vida y la muerte. El camino del bien se encuentra sólo en la reintegración de la unidad. Y es precisamente la obra que emprende Dios a través de sus familias elegidas (*Toledots*) que recorren todo el libro del Génesis. Así el DOS, que es número de desintegración cuando registra oposición, disensión y separación, se convierte en signo de integración cuando propicia la reconstrucción de la unidad. Dos en uno, como en el matrimonio; dos delante de Dios o a su servicio.[15]

CAPÍTULO CUATRO

NOTAS

[1] Jean Chevalier y Alain Gheerbrant, *Diccionario de los símbolos*. Barcelona: Editorial Herder, 1995. p. 426.
[2] Olivier Beigbeder, *Léxico de los símbolos*. Vol. 15. Madrid: Ediciones Encuentro, 1989. p. 322.
[3] Ibid., p. 323.
[4] Chavalier, *Op. cit.* pp. 427-428.
[5] Manfred Lurker, *El mensaje de los símbolos, Mitos, culturas y religiones*. Barcelona: Editorial Herder, 1992. p. 139.
[6] René Allendy, *El simbolismo de los números*. París: 1948. p. 19.
[7] Beigberder, *Op. cit.* pp. 321-22.
[8] Robert D. Johnston, *Los números en la Biblia*. Grand Rapids: Editorial Portavoz, 1994. p. 45.
[9] Luis Alonso Schökel, *Símbolos matrimoniales en la Biblia*. Estella, Navarra: Editorial Verbo Divino, 1997. pp. 242-44.
[10] Grant R. Osborne, *The Hermeneutical Spiral*. Downers Grove: InterVarsity Press, 1991. pp. 326-28.
[11] Johnston, *Op. cit.* pp. 46.
[12] Ibid., p. 47.
[13] *The New International Dictionary of the New Testament Theology*. Vol. II. Grand Rapids: Zondervan Publishing House, 1971. pp. 30-31.
[14] Johnston, *Op. cit.* pp. 47-8
[15] Juan Mateos y Fernando Camacho, *Evangelio, figuras y símbolos*. Córdoba: Ediciones El Almendro, 1989. pp. 82-83.

CAPÍTULO CINCO

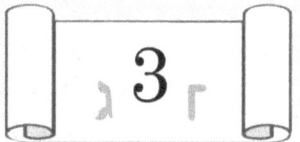

EL TRES

SIGNIFICADO GENERAL

El número TRES (3) es empleado para significar cualquier relación o realidad que representa la plenitud divina en unidad.

El TRES, número perfecto

El número TRES (3), de bajo valor aritmético, puede significarlo «todo». Por eso es considerado por muchos como el número perfecto. Los romanos solían decir: *«Tria est numerus perfectus»* («tres es el número perfecto»). Y aún hoy prevalece el dicho popular: *«Todas las cosas buenas son tres».* Varios pueblos conservan la creencia de que el cosmos está compuesto por cielo, tierra y mundo inferior. Del dios indio Visnú se dice que recorre el universo en tres pasos. Es clásica la constitución del ser humano adoptada por los semitas, y que Pablo menciona en una de sus cartas (1 Tesalonicenses 5:23), por tres partes: cuerpo, espíritu y alma. Mientras se afirma que su destino está ligado a tres pasajes trascendentales en su vida: nacimiento, matrimonio y muerte.[1]

El TRES, número fundamental

El TRES es universalmente reconocido como un número fundamental. Al UNO absoluto y autónomo le surge el DOS que, como hemos visto, lo contrasta y antagoniza. Entre el

UNO y el DOS hay un conflicto, que el TRES resuelve al incluirlos a los dos, porque TRES es uno más dos. Por eso el TRES es un número integrado e integrador. Expresa un orden intelectual y espiritual en Dios, en el cosmos y en el ser humano. Sintetiza la TRI-UNIDAD del ser vivo, que resulta de la conjunción del UNO y el DOS, que desaparecen para hacerse TRES. Por eso, para muchos pensadores antiguos y modernos, el TRES es producto de la unión del cielo y la tierra. Este concepto ha sido desarrollado de diferentes formas, como veremos a continuación.[2]

La Trimūrti hindú y la Trinidad cristiana
La trimūrti hindú está constituida por el dios creador, Brahmā, el conservador, Visnú y el destructor, Śiva. Los tres representan el poder que está por encima del hombre y del mundo, que reviste esta forma triple. Por eso nos encontramos con innumerables tríadas de dioses, como la trimūrti hindú.

La Trinidad cristiana es otra manifestación del poder y valor superior, sobrenatural del TRES representado por el Padre, el Hijo y el Espíritu. El poder que cada una de estas tres personas divinas ejerce se concreta en la jurisdicción de sus reinos: el del Padre, que empieza con la creación; el del Hijo, que se inicia con el sacrificio redentor; y el del Espíritu, a quien se atribuye la consumación del Reino.

En la religión china, el *tao* produce el uno; el uno produce el dos; el tres es producto del uno y el dos, y como tal, producto del cielo y la tierra; porque el tres, como primer número impar, es el número del cielo, y el dos, primer número par, es el de la tierra. El número uno es anterior al dos y al tres; pero el tres conjuga al dos y al uno en un solo número. Por eso, dicen los chinos, el tres es un número perfecto: *thch'eng*, que es la expresión de la totalidad, del acabamiento, de aquello a lo cual nada se le puede añadir.[3]

CAPÍTULO CINCO

Diferentes tríadas taoístas

«Los TRES seres puros» componen una de las tríadas fundamentales de neto origen taoísta. Su figura central es el llamado «*emperador de jade*», deidad suprema de los taoístas, que lleva ese nombre porque su palacio, cuya entrada es de oro, está en un monte de jade. El segundo lugar corresponde al dios que fija los tiempos y regula los cambios alternos entre el *yang* y el *yin*, las dos fuerzas masculina y femenina de la naturaleza que se complementan mutuamente. En tercer lugar está Lao-Tse, como difusor de la verdadera doctrina de la tríada.

Hay también tríadas exclusivamente búdicas, cuya composición no es la misma en los distintos países budistas que las conocen (la India, Mongolia, China y Japón). Otra tríada taoísta es la conocida con el nombre de «*los tres funcionarios*», que son: el cielo, como dador de la dicha; la tierra, como perdonadora de los pecados; y el agua, como liberadora de las desgracias. Se habla también de los «*tres principios*», nombre del señor de las tres partes del año: la primera dura durante los siete primeros meses; la segunda, del séptimo al décimo; y la tercera del décimo al final del año. Algunos interpretan que esta tríada corresponde a los tres emperadores de la antigüedad: *Yao, Shun* y *Yú*.[4]

La Triratna budista

«*La Triple Joya*» llaman los budistas a su *Triratna* o trinidad: *Buda, Dharma y Sangha*, que los taoístas traducen, para su propio uso, en *Tao, Libros y Comunidad*. El tiempo es triple (*trikala*): pasado, presente y futuro. El mundo es triple (*tribhuvana*): *Bhu, Bhuvas, Swar* (tierra, atmósfera y cielo). También en el sistema hindú la manifestación divina es triple, como ya hemos visto. En la tradición sivaíta de Camboya, Śiva está en el centro, mirando hacia el este, flanqueado por Brahmā, a la derecha o al sur, y por Visnú, a la izquierda o al norte. Otros ternarios han sido señalados con respecto a la sílaba sagrada *Om*, que se compone de tres letras: *Aum*, correspondientes a los tres estados de las manifestaciones.[5]

Los **Hi** y los **Ho** en China. En China los *Hi* y los *Ho*, que son dueños del Sol y de la Luna, son tres hermanos. La formación de a tres es, junto con el cuadrado, y por otra parte en conjunción con éste, la base de la organización urbana y militar; es lo que llaman el *trigrama*.[6]

El TRES, en la tradición irania

En estas tradiciones el TRES aparece, por lo general, dotado de un carácter mágico-religioso. Estos conceptos vienen desde muy antiguo en este pueblo. En el Irán antiguo la triple divisa es: «*Buen pensamiento, buena palabra, buena acción*». Estos son los llamados *tres bukhi salvadores*. Por el contrario, el mal pensamiento, la mala palabra y la mala acción se atribuyen al Espíritu del Mal. En el libro sagrado de *Avesta* son frecuentes las cuestiones rituales y morales en las que abunda el número tres, que representa la trinidad moral del mazdeísmo. Por ejemplo, este libro sagrado describe la ceremonia ritual de la purificación que debe seguir quien se ha contaminado con un cadáver (*nasu*). Se deben cavar tres agujeros y llenarlos con orina de buey (*gomez*) o con agua. El contaminado comienza lavándose tres veces las manos; y luego el sacerdote asperja las diversas partes del cuerpo para expulsar los malos espíritus. Otra antigua ceremonia consistía en hacer un sorteo, lanzando tres flechas o tres cañas.[7]

El TRES, entre los árabes

La ceremonia mencionada del sorteo, lanzando tres cañas o flechas, se convirtió en un rito adivinatorio. En efecto, la tercera flecha, según donde cayera, designa al elegido o el lugar del tesoro u otras cosas que se quieren averiguar. Los árabes practicaban este rito mucho antes de

CAPÍTULO CINCO

Mahoma y de la implantación de la religión islámica. Se encuentra esta tradición entre los beduinos árabes y los nómadas iraníes. Cuando se trataba de tomar una decisión difícil, usaban tres flechas. Sobre la primera escribían: «*Mi Señor me ordena*»; sobre la segunda, «*Mi Señor me prohíbe*»; la tercera no llevaba ninguna inscripción. Colocaban las tres flechas en el carcaj y sacaban una al azar; y seguían su consejo. Si salía la que no tenía nada escrito, comenzaba la operación de nuevo.

El TRES en mitos y leyendas

El TRES está ligado a muchas otras operaciones supersticiosas o sencillamente de arraigo popular, como la de buscar la correcta dirección o el camino a tomar dando tres vueltas sobre uno mismo y tomar como la correcta la dirección en la que quedaba orientada la cara. El héroe que parte al encuentro de un demonio, declara a sus amigos que lanzará tres gritos: el primero al ver al demonio, el segundo cuando luche con él y el tercero al conseguir la victoria. El rey que quiere enviar a un guerrero en misión peligrosa, lo llama tres veces. Una antigua costumbre, que fábulas y cuentos han perpetuado, consiste en sentarse y levantarse tres veces para testimoniar respeto y admiración. El lanzamiento del águila se practicó en algunos pueblos, y se lee en escritos y leyendas. Ocurría cuando un rey moría sin descendencia; entonces los habitantes de la ciudad soltaban un águila. La persona sobre la que se posaba el águila tres veces consecutivas era el escogido como nuevo soberano.

Tres actos sucesivos caracterizan muchas narraciones fantásticas y cuentos mágicos. La fuerza y fiereza del héroe se exponen, en los combates cuerpo a cuerpo con sus enemigos, cuando el héroe levanta sobre su cabeza al adversario y le da tres vueltas y lo arroja al suelo. Al demonio se le describe a veces llegando al combate armado de un tronco de árbol coronado con tres enormes muelas. La cólera del rey o del héroe, en una asamblea, se manifiesta por tres arrugas en la frente. Nadie se atreve a aproximarse o a tomar la palabra.

Para que un sueño mantenga su eficacia y traiga felicidad, el soñador debe mantenerlo secreto durante los tres primeros días. Si no observa esta recomendación, se expone a consecuencias desagradables. Una leyenda sobre Alejandro afirmaba que solo al tercer intento consiguió su victoria sobre el Sol.[8]

«Los fieles a la verdad» y el TRES

Esta secta muy floreciente en Oriente considera el TRES como un número sagrado. Lo usan en sus relatos cosmogónicos y en sus ritos. Dios creó al mundo en el seno de una perla, pero antes hizo surgir del seno de la perla a tres ángeles o personas: Gabriel, Miguel y Rafael. Más tarde creó a Azrael, el ángel de la muerte y a Ramzbar, el ángel femenino, madre de Dios. Estos dos últimos representan su cólera y su misericordia. Más tarde creó dos ángeles más para completar el número siete. El TRES está asociado a multitud de acontecimientos históricos o meta-históricos. Muchos ritos y ceremonias están ligados al TRES, como los tres días de ayuno, el sacrificio de los tres fieles, etc. En relación con la moral, el TRES tiene también su importancia. Hay tres cosas que destruyen la fe: la mentira, la impudicia y el sarcasmo. Y tres cosas nos precipitan al infierno: la calumnia, la falta de sensibilidad y el odio. Por el contrario, tres cosas nos guían hacia la fe: el pudor, la atenta cortesía y el miedo al día del juicio.[9]

El TRES entre los dogón y los bambara

Para estas tribus, el TRES representa al principio masculino, simbolizado por el falo y los testículos. Al mismo se opone el principio femenino representado por el número CUATRO. El TRES, aunque es primero, no se manifiesta sino con el cuatro. En realidad, el TRES debe ser estimulado por el cuatro para que se produzca el principio de la fecundidad; pero el desarrollo de la misma y su florecimiento solo se da a través de la feminidad, representada por el número cuatro. El triángulo, que tiene un significado femenino, si está invertido con la punta hacia abajo adquiere un símbolo de virilidad fecundante. Por otra parte, el TRES es un número «revelador» que pone de manifiesto lo que lo antecede y fundamenta, que muchas veces está oculto. El hijo (3) revela al padre (1) y a la madre (2); el tronco del árbol (3), revela lo que le excede en el aire (ramas y hojas), y lo que está oculto bajo tierra (raíces). El TRES supera la rivalidad del dos y el uno, creando una síntesis de los tres primeros números, haciéndolos UNO.

El TRES y las especulaciones cabalísticas

La cábala judía, que es un sistema antiguo de interpretación mística y alegórica del Antiguo Testamento, le da valor fundamental al TRES. Todo procede del TRES que, según la última aserción del párrafo anterior, constituye la síntesis perfecta de UNO y DOS en una nueva unidad integrada. En toda unidad integrada se descubren tres elementos:

1. el principio actuante, causa o sujeto de la acción
2. la acción de este sujeto o verbo
3. el objeto de esta acción, su efecto o su resultado

Estos tres términos son inseparables y se necesitan recíprocamente. De ahí la «trinidad» de elementos que hallamos en todas las cosas. Por ejemplo, la creación implica un creador, el acto de crear y la criatura. El primer término es activo, el segundo es pasivo para el primero pero activo para el siguiente; y el tercer término es pasivo. El primero corresponde al espíritu, el segundo al alma, y el tercero al cuerpo.

CAPÍTULO CINCO

Los «*Sephiroth*», o numeraciones que componen el árbol cabalístico de la vida, se clasifican en tres ternarios: el primero corresponde a la realidad metafísica oculta que incluye la divinidad suprema y la sabiduría eterna; el segundo ternario reúne la gracia y la misericordia, el juicio y la belleza, todo posible de manifestarse; el tercero es de orden intermedio y formativo y tiene que ver con la acción, con el cuerpo, las realizaciones y logros que marcan el progreso.[10]

El TRES en el mundo griego y romano

No faltan en la cultura y religión o religiones grecorromanas el uso de «tríadas divinas» y las ceremonias y ritos en las que se ejecutan o repiten tres veces palabras, textos o ceremonias, supuestamente para hacer las mismas válidas y efectivas. Es así como encontramos juramentos triples, invocaciones triples, plegarias triples, etc. Algunos procesos curativos duran tres días. Aristóteles piensa que el número TRES es significativo de la naturaleza: abarca el principio, el medio y el fin. Hay tres dimensiones y el tiempo tiene tres aspectos: pasado, presente y futuro. Filón piensa que el alma tiene tres divisiones, y que lo correcto es lo que está en medio de los dos extremos. Esto dará origen al dicho o principio que se extendería al mundo cristiano: «*in medio virtus*» («la virtud está en el centro, todo extremo es vicioso»).

Conclusión

Para la mayoría de las civilizaciones y culturas no cristianas ni bíblicas, el TRES es la manifestación de la perfección acabada: el Hombre, hijo del Cielo y de la Tierra, que forma la gran tríada. Para los cristianos, el acabamiento y perfección de la realidad divina es, como vamos a ver a continuación, la Trinidad: Dios UNO en TRES Personas.

CAPÍTULO CINCO

SIGNIFICADO BÍBLICO

La Trinidad

La Trinidad es una verdad fundamental bíblica y cristiana: tres personas y un solo Dios. Cristo habla inequívocamente de ella cuando envía a su discípulos a bautizar «*en el nombre del Padre y del Hijo y del Espíritu Santo*» (Mateo 28:19). Pero aun antes de su despedida de este mundo, Jesús había hablado explícitamente de esta realidad trinitaria. En su largo discurso de despedida, que Juan nos transcribe en los capítulos 12-17 de su Evangelio, Jesús destina grandes párrafos a hablar de su Padre y de la obra del Espíritu, a quien llama el «Consolador»: «*Pero el Consolador, el Espíritu Santo, a quien el Padre enviará en mi nombre, les enseñará todas las cosas y le hará recordar todo lo que les he dicho*» (Juan 14:26).

Un testimonio parecido tenemos en Juan 15:26. Pablo usa la fórmula trinitaria con frecuencia, como cuando se despide de los corintios en su segunda carta: «*Que la gracia del Señor Jesucristo, el amor de Dios y la comunión del Espíritu Santo sean con todos ustedes*» (2 Corintios 13:14).

Pedro, por su parte, inicia su primera carta con esta confesión de fe trinitaria:

> *Pedro, apóstol de Jesucristo, a los elegidos, extranjeros dispersos por el Ponto, Galacia y Capadocia, Asia y Bitinia, según la previsión de Dios el Padre, mediante la obra santificadora del Espíritu, para obedecer a Jesucristo y ser redimidos por su sangre* (1 Pedro 1: 1-2).

CAPÍTULO CINCO

El TRES, número de la plenitud divina

El uso de este número en la Biblia nos lleva a identificarlo como el número de la plenitud divina en unidad, que es exactamente el sentido del dogma trinitario. En efecto, como afirma Bahr, «*se da en la misma naturaleza del número* **tres**, *el incluir al* **uno** *y al* **dos**». (cf. «El simbolismo de los mosaicos»: «*Symbolic des mosaschem cultus*», p. 205). El uno no llega a ser número hasta que no aparece el dos, que representa separación, contraste y diferencia, todo lo cual es cancelado por el TRES que crea una nueva unidad integrada del UNO y el DOS.

De hecho, muchos afirman que cuanto existe está formado por tríadas: principio, medio y fin; pasado, presente y futuro; debajo, al centro y encima. Por eso el número TRES ha disfrutado de un sentido místico en todas las culturas y en la misma Biblia. Veamos algunos ejemplos: los tres hombres que aparecieron a Abraham (Génesis 18:2); los tres patriarcas de Israel: Abraham, Isaac y Jacob, que se mencionan tantas veces (Éxodo 3:6); los tres hijos de Noé, a través de los cuales se reconstruyó la humanidad post-diluviana (Génesis 9:19); las tres partes constitutivas del universo: cielo, tierra y mar (Éxodo 20: 11; Salmo 146:6); la madera de cedro, el paño escarlata y la rama de hisopo, usados en la ceremonia de la purificación (Levítico 14:6; Números 19:6); la cuerda de tres hilos difícil de romper (Eclesiastés 4:12); y muchos otros ejemplos.

Sin embargo, de mayor significado son los pasajes que asocian el número TRES con el nombre sacrosanto de Dios, como la bendición triple de Números 6:24-26: «*El Señor te bendiga y te guarde; el Señor te mire con agrado y te extienda su amor; el Señor te muestre su favor y te conceda la paz*».

El nombre de Dios se invoca tres veces sobre los hijos de Israel por mandato expreso del mismo Dios, como parte de

CAPÍTULO CINCO

su bendición; lo que constituye ciertamente una fórmula sagrada (véase Números 6:27).

Ya hemos visto cómo la fórmula trinitaria es explícitamente ordenada por Cristo para el bautismo de los creyentes (Mateo 28:19); y cómo Pablo y Pedro la utilizan en su bendición apostólica (2 Corintios 13:14; 1Pedro 1:2).

El *trisagio* de Isaías 6:3 se repite en Apocalipsis 4: 8, mencionándose los tres títulos divinos de «*Señor*», «*Dios*» y «*Todopoderoso*», a los que se agregan las palabras «*el que era, el que es y el que ha de venir*»:

«*Santo, santo, santo
es el Señor Todopoderoso,
el que era y que es y que ha de venir*».

El TRES y los actos poderosos de Dios

Con frecuencia vemos este número asociado con las acciones del Dios Omnipotente o de su Hijo, Jesucristo. Veamos algunos ejemplos: por orden de Dios el pueblo debió prepararse y purificarse durante *tres días*, antes de recibir su Ley traída por su siervo Moisés desde el Sinaí (Éxodo 19:11). En Oseas 6:2 se anuncia la restauración del pueblo de Dios en tres días: «*Después de dos días nos dará vida; al tercer día nos levantará, y así viviremos en su presencia*».

El profeta Elías tres veces llenó de agua la zanja sobre la que colocó el buey descuartizado y la leña, en el sacrificio del monte Carmelo donde derrotó a los sacerdotes de Baal (1 Reyes 18:34 ss).

El «*tercer día*» es una fórmula poética o recurso dialéctico para representar el cumplimiento de un proyecto o misión. Cristo lo usa para responder a las amenazas de muerte de parte del rey Herodes: «*Vayan y díganle a ese zorro: "Mira, hoy y mañana seguiré expulsando demonios y sanando gente; y al tercer día terminaré lo que debo hacer"*» (Lucas 13:32).

CAPÍTULO CINCO

Jonás permanecerá tres días en el vientre del gran pez (Jonás 1:17), hecho que Cristo usa para significar los tres días que él mismo permanecería en la tumba (Mateo 12:40). Este mismo hecho indica que la obra redentora de Cristo fue plenamente concluida con su muerte y sepultura, y sellada definitivamente con su resurrección *«al tercer día»* (1 Corintios 15:4).

Tres son las manifestaciones divinas de Cristo atestiguadas por la misma Trinidad: la primera fue en el Jordán durante el bautismo, donde aparecen en forma visible y audible las tres personas divinas y el Padre testifica de su Hijo: *«Éste es mi Hijo amado; estoy muy complacido con él»* (Mateo 3:17). La segunda manifestación ocurrió en el monte Tabor, en la escena de la transfiguración; de nuevo la voz celestial atestigua: *«Éste es mi Hijo, mi escogido; escúchenlo»* (Lucas 9:35). La tercera manifestación ocurre en el marco de la predicción de su muerte hecha por Jesús, durante la fiesta de la Pascua. Al terminar Jesús de hablar, dice el texto sagrado que *«se oyó entonces, desde el cielo, una voz que decía: "Ya lo he glorificado, volveré a glorificarlo"»* (Juan 12:28).

Otras manifestaciones del poder de Cristo en las que está implicado el número TRES, son: las tres personas que resucitó: la hija de Jairo, el hijo de la viuda de Naím, y Lázaro. La triple negación de Pedro, contrarrestada por la triple confesión de amor que Cristo exigió de su discípulo arrepentido; esta tiene el sentido de una restauración total y completa, para una negación terriblemente desastrosa y completa. Pero el arrepentimiento lo puede todo y Cristo está dispuesto a procurar nuestra restauración, no importa qué tan grande sea nuestro pecado (véanse Juan 13:38; 26:70; Marcos 14:68; Lucas 22:47; Juan 18:27 y Juan 21:15).

Algunos tríos notables

Los héroes de David, los tres justos de Ezequiel (Ezequiel

14:14); los tres amigos de Job, los tres amigos de Daniel, los tres que visitaron a Abraham, y los tres rebaños de Génesis 29:2. Algunos «tríos culturales» son las tres fiestas (Éxodo 23:14) y las tres horas de la oración (Daniel 6:11). El tres es un número redondo en la combinación dos-tres (Job 33:29). Tres días son importantes en muchos pasajes como Éxodo 15:22; 2 Reyes 2:17; Jueces 14:14; 2 Crónicas 20:25; Ester 4:16; Oseas 6:2. Solo en la tercera generación pueden edomitas o egipcios entrar en la comunidad del Señor (Deuteronomio 23:9).

El TRES en la estructura de redacción del texto

El TRES, como otros números, adquiere especial valor como parte de la estructura de redacción. Su papel puede ser diverso: de énfasis, insistencia, cumplimiento, etc.; y aun de semejanza. Así, por ejemplo, David habla tres veces del *heded*, que significa «una conducta benévola», que corresponde a «una relación amistosa», o aún mejor, a «una alianza estrecha que liga a David con Jonatán, que es la que en último término decide su comportamiento con Mefibaal (véase 2 Samuel 9:1, 3,7). Se relata tres veces que Mefibaal ha sido huésped del rey (9:10,11 según Génesis 13), y tres veces intenta Absalón poder hablar con Joab (2 Samuel 14:29ss). Son también tres veces las que David pide a sus fieles seguidores que no lo acompañen en su huida (15, 19 ss; 25 ss; 33 ss) y son tres hombres los que cuidan de David durante su estancia en Transjordania (17:27). Con tres lanzas traspasa Joab a Absalón (18:14). Además, hay que mencionar que en la narración del arca, la pérdida del arca viene relatada en tres escenas, las cuales acaban en la frase conmovedora *«fue capturada el arca de Dios»* (1 Samuel 4:11-17 ss). Se habla también de la estancia del arca en tres ciudades de los filisteos (5:1-8:10). Asimismo, la segunda escena se desarrolla en tres grados paralelos, los cuales van aumentando en intensidad (5:6-8; 9-10; 10-12). En la historia de la subida de David se relatan tres tentativas hechas por Saúl para matarlo. Un primer arranque en 1 Samuel 18:10 ss); el otro, ya consciente pero clandestino, en 18:17-21; y finalmente, el tercero abiertamente, en 19:1. Después se habla de tres campañas de Saúl contra David (23:13). La primera en 23:14-24; la segunda en 24:2-24; y la tercera, sigue al episodio con Nabal y Abigaíl, en 26:1-25. Por eso, expertos comentaristas bíblicos resaltan con asombro el número de casos en los que domina el número TRES en los libros de Samuel, relacionados ya sea con personas, cosas o acciones, para enlazarlas unas con otras; aunque lo contrario también se da: el uso del número TRES para unir y resaltar conceptos desemejantes u opuestos, como en 1 Samuel 17:25; 18:6.[11]

Estructura acróstica literaria numeral

El autor sagrado usa a veces el número con un propósito literario que de alguna manera implica un valor o idea tradicional importante para el lector. Lo vemos, por ejemplo, en la genealogía de Cristo en el Evangelio de Mateo, quien divide los ancestros de Jesús en tres grupos de a catorce generaciones cada grupo. Para llegar a estos números, Mateo tuvo que ser selectivo, dejando a algunos antepasados de Jesús por fuera (véase Mateo 1:1-17). Pero la razón principal es que Mateo intenta presentar una *genealogía mesiánica* para los lectores y destinatarios principales de su Evangelio, que son judíos. Por lo tanto, en ella tenía que jugar un puesto central el rey David. Las letras hebreas tienen un doble significado: uno verbal y otro numérico. Y resulta que el valor numérico de las letras del nombre de David es catorce (14): 4 + 6 + 4. Las vocales no cuentan. Mateo toma entonces la valoración acróstica numeral del nombre del rey mesiánico, David, para presentarnos la genealogía del verdadero Mesías, Jesús.[12]

Otros casos del uso del TRES

Tres son los discípulos con quienes Cristo tiene una especial intimidad y que lo acompañan en pasajes especiales de su vida: Pedro, Jacobo y Juan (véanse Marcos 9:2 ss; Mateo 26:37. Dos mujeres y un hombre acompañaron a Jesús en su agonía, mientras que en el Calvario tres eran los crucificados (Mateo 27:38; Marcos 15:27; Lucas 23:33; Juan 19:18); y sobre la cruz de Cristo aparecía un letrero en tres lenguas: arameo, latín y griego (Juan 19:19-20), como si se quisiera significar con esto el rechazo universal del Crucificado, aunque Pilato, al colocar este letrero, estaba inconscientemente dando testimonio del reinado universal de Jesucristo. Por otra parte, se habla de tres años del ministerio público de Jesús y de su muerte a la hora de nona, equivalente a las tres de la tarde.

Pablo enfatiza tres virtudes: fe, esperanza y amor, que en realidad son las virtudes que los teólogos identifican como *«virtudes teologales»*, porque vienen de Dios y las adquirimos solo como una gracia divina (1 Corintios 13:13). El libro primero de Crónicas 21:12 nos habla de las tres opciones que le fueron presentadas a David: tres días de pestilencia, tres meses de derrota o tres años de hambre. En Jueces 7:16 se nos narra la derrota de los madianitas por Gedeón, con un ejército de trescientos hombres, divididos en tres compañías. La fracción de un tercio se usa también con frecuencia en la Biblia, como lo veremos en otra parte de este libro.[13]

Conclusión

El TRES es un número matemático usado en sentido literal estricto en varios pasajes como 2 Corintios 11:25; 12:14; 13:1; Gálatas 1:18; Marcos 9:5; Apocalipsis 21:13. Es un número redondo que identifica duraciones como de meses (Hechos 7:20; 19:8; 20:3; 28:11); o días (Hechos 9:9; 25:1; 28:7, 12,17).

CAPÍTULO CINCO

La idea de *pocos* o *muchos* puede identificarse con el número TRES. En Lucas 13:7, tres años son demasiado y le agotan la paciencia al dueño; pero en Mateo 18:20, «*dos o tres*» indica que el Señor está contento con el mínimo de sus discípulos reunidos en su nombre. En cambio, en 1 Corintios 14:29, Pablo pone límite de «*dos o tres*» a los que hablan; y en Lucas 13:32, Jesús se pone un plazo para su obra.

En los dichos basados en Deuteronomio 19:15, «*dos o tres*» está en antítesis con «*uno*. Ejemplos: Mateo 18:15 ss; 2 Corintios 13:1; 1 Juan 5:7-8.

El TRES puede denotar algo completo o acabado cuando algo se repite tres veces. Ocurre en Hechos 10:16 y en la negación y reafirmación de Pedro ya vista. Puede significar urgencia, como en Mateo 26:44; o intensidad en 2 Corintios 12:8; paciencia y obstinación en Lucas 20:12; o algo definitivo, como en Lucas 23:22. También puede referirse a la totalidad (Marcos 14:30); o a certeza como en Juan 20:19 ss.

Por último, el TRES desempeña un papel importante en las parábolas y en muchos otros pasajes de los Evangelios: tres regalos en Mateo 2:11; tres tipos de personas en Lucas 14:18 ss; tres formas de juicio en Mateo 5:22; tres tentaciones en Mateo 4:1 ss., etc. En estos y muchos casos más, detrás del número tres subyace de una y otra forma una acción o manifestación divina. El TRES estará siempre señalándonos hacia Dios Uno y Trino. Por algo es el número, después del siete, que más se menciona en la Biblia.

CAPÍTULO CINCO

NOTAS

[1] Olivier Beigbeder, *Léxico de los símbolos*. Vol. 15. Madrid: Ediciones Encuentro, 1989. p. 326.
[2] Milton S. Terry, *A Treatise on the Interpretation of the Old and New Testament*. Grand Rapids: Zondervan Publishing House. p. 381.
[3] Jean Chevalier y Alain Gheerbrant. *Diccionario de los símbolos*. Barcelona: Editorial Herder, 1995. p. 1016.
[4] Ibid. p.1017.
[5] Beigbeder, *Op. cit.* p. 327.
[6] Chevalier, *Op. cit.* pp. 1017-18.
[7] Manfred Lurker, *El mensaje de los símbolos. Mitos, culturas y religiones*. Barcelona: Editorial Herder, 1992. p. 142.
[8] *The Illustrated Bible Dictionary. Part 1*. Inter-Varsity Press, Tyndale House Publishers, 1980. p. 1097.
[9] Lurker, *Op. cit.* p. 147.
[10] Milton Terry, *Op. cit.* pp. 621-22.
[11] Manuel de Tuya y José Salguero, *Introducción a la Biblia*. Madrid: Biblioteca de Autores Cristianos, 1967. p. 37.
[12] Ibid. p. 38.
[13] *The New International Dictionary of New Testament Theology*. Vol. II. Grand Rapids: Zondervan Publishing House, 1971. pp. 686-87.

CAPÍTULO SEIS

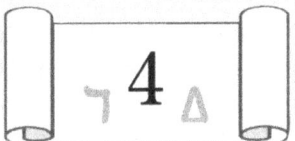

EL CUATRO

SIGNIFICADO GENERAL

*Si el TRES (3) es «el número de Dios»,
el CUATRO (4) es el número
de la creación visible.*

Número de la totalidad concreta

El CUATRO es el número de la totalidad concreta: de lo creado y perecedero. Un cuadrado con sus cuatro lados iguales dan la sensación de lo finalizado y sensiblemente completo. Lo mismo puede decirse de la cruz con sus cuatro extremos que señalan en todas las direcciones: lo abarca todo. Es, pues, un símbolo de la plenitud tangible y mensurable, así como de la universalidad. Desde épocas remotas se utilizó el CUATRO para representar lo tangible, lo sensible, lo sólido, lo acabado. El mundo terráqueo o esfera terrestre está dividido en cuartos constituidos por los sectores que resultan del cruce de un meridiano y un paralelo. Cuando un rey o señor quiere resaltar la extensión de su autoridad, se hace llamar: *«Señor de los cuatro mares», «de los cuatro soles»*, o *«de las cuatro partes del mundo...»*.

El CUATRO, número totalizador

Son muchos los CUATROS que, en una u otra forma, representan totalidad: cuatro puntos cardinales, cuatro vientos, cuatro pilares del universo, cuatro fases de la luna, cuatro estaciones del año, cuatro elementos, cuatro humores que determinan los temperamentos, cuatro ríos en el paraíso, que bañan toda la tierra: el Pisón, *«y recorría toda la tierra de Javilá, donde hay oro...; el Guijón, que rodea toda la tierra de Cus; el Tigris, al oriente de Asiria; y el Éufrates...»* (Génesis 2:10-14).[1]

Pitágoras formuló su famoso tetraktys, que resulta de la suma de los cuatro primeros números: 1 + 2 + 3 + 4 que da 10, base del sistema antiguo y moderno de contar, el sistema decimal.[2] El número CUATRO aparece también en la Biblia como totalizador: el nombre del padre de la humanidad tiene cuatro letras, ADÁN; lo mismo que el nombre de Dios YHVH, cuatro consonantes que constituyen el «tetragrámaton inefable», que significa *«el YO SOY»*, o el que contiene toda la vida y la existencia en sí mismo y por sí mismo; que se revela en el espacio y la historia, como el que existía ya en el principio, y como se reveló a Moisés al enviarlo a confrontar al más poderoso monarca de la tierra en su tiempo, señor de medio mundo, el faraón. Al preguntarle Moisés a Dios, que le hablaba desde la zarza ardiente, qué razón daría al faraón de quien lo enviaba, Dios le respondió: *«Diles: "YO SOY" (Yahvé) me ha enviado a ustedes»* (Éxodo 3:14).

Mientras que en el TRES prevalece la forma de secuencia (tres pasos, tres fases lunares, tres edades o períodos de la historia –comienzo, medio y fin– tres deseos o tres cosas que se deben cumplir, una tras otra, –como ocurre en los cuentos o historietas de fantasía), en el CUATRO prevalece la idea de yuxtaposición; se dan simultáneamente o una sobre otra: cuatro lados, cuatro vientos, cuatro puntos cardinales o confines de la tierra, como los describe Ezequiel en su visión del fin del mundo (Ezequiel 7:1-2): *«...así ha dicho el Señor a la tierra de Israel: el fin viene sobre los* **cuatro** *extremos de la tierra»* (RVR).

Versiones modernas como la *Nueva Versión Internacional*, conscientes de la noción totalizadora del CUATRO, traducen: «...*así dice el Señor omnipotente al pueblo de Israel: ¡Te llegó la hora! Ha llegado el fin para **todo** el país»*.

Y es que para los antiguos, la tierra, utilizando el término sumerio, era *caturanta*, es decir, de cuatro cantos o esquinas. En la misma Biblia tenemos esta noción de las cuatro esquinas del Universo. Véase, por ejemplo, Apocalipsis 7:1: *«Después de esto vi a **cuatro** ángeles en los cuatro ángulos de la tierra...»*

El CUATRO simboliza, pues, la totalidad de lo creado y de lo revelado, que es tanto como decir la totalidad de lo perecedero o que fenece. Es interesante que los japoneses usen la misma palabra *SHI* para significar *«cuatro»* y *«muerte»*; aunque en la práctica prefieren usar *«yo»* o *«you»*.[3]

El CUATRO en las culturas de los pueblos

El CUATRO es un número muy socorrido y utilizado en todas las culturas. Veamos algunos ejemplos.

Los celtas e irlandeses. Para muchos pueblos es el número ordenador impuesto por la misma naturaleza. Dos ejemplos lo confirman: los celtas, según el historiador romano Cayo Julio César, dividieron su pueblo helvecio en cuatro regiones. Irlanda ha mantenido por siglos su división cuatripartita en sus regiones; y hasta el día de hoy Irlanda consta de cuatro provincias históricas, que en su extremo interno se tocan en un punto central, el de la legendaria piedra-límite, la cual constituye el ombligo del país.

Los Veda. El Veda, escrito sagrado de la India, fue producido en lengua sánscrita en cuatro volúmenes. En él Buda revela su doctrina que se presenta en cuatro libros o partes: himnos, fórmulas de encantamientos, oraciones litúrgicas y explicaciones o especulaciones. Según el *Chandogya Upanishad*, el ser humano está compuesto por el cuadrado de cuatro, es decir dieciséis partes. Las ceremonias de hechicería del *Soma* incluyen dieciséis recitaciones, lo mismo que las enseñanzas sobre el Brahmā, que

CAPÍTULO SEIS

están distribuidas en cuatro cuartos, correspondientes a los cuatro dominios del Universo, a saber: las regiones espaciales, los mundos, las luces y los sentidos. El libro del Veda dice a la letra: «*Aquel que, sabiendo así, conoce este cuarto de Brahmā, o cuatro dieciseisavos, que es la luz, brilla en este mundo. Conquista mundos luminosos aquel que, sabiendo así, conoce el cuarto de Brahmā, o cuatro dieciseisavos, que es la luz*».

Es decir, que cuando sabe los cuatro cuartos de Brahmā, o cuatro veces cuatro dieciseisavos, el discípulo o iniciado conoce toda la ciencia del maestro. El CUATRO se revela aquí también, con múltiplos y divisiones, como un símbolo de la totalidad.[4]

El CUATRO y las tradiciones indígenas. Las tradiciones indígenas son muy ricas en el uso de los números como símbolos de sus creencias y partes integrantes de sus ritos. Y el número CUATRO es privilegiado en estos usos. Veamos algunos ejemplos. En la ceremonia de *Hako* de los indios pawnee, encontramos esta fórmula:

> *Hemos dado **cuatro** veces **cuatro** vueltas alrededor de la cabaña... **Cuatro** veces cuatro significa plenitud. Ahora todas las fuerzas de allá arriba y de aquí abajo, machos y hembras, han sido invocadas, y hemos pedido a todas que nos asistan en las ceremonias sagradas que tendrán lugar al romper el alba.*[5]

Algunos pueblos, en lugar de Trinidad, tienen una *Cuaternidad*. Es el caso, entre los indios dakotas de América del Norte, del dios *Wakan Tunka*, «el Gran Misterio», compuesto de cuatro dioses: el dios jefe, el dios espíritu, el dios creador y el dios ejecutante. Cada uno de estos dioses tiene otra *cuaternidad*, compuesta de dos *díadas* opuestas. El dios superior tiene al sol y la luna, como su díada superior; y

CAPÍTULO SEIS

como su díada inferior al dios bisonte y el alma. El dios espíritu tiene como su díada superior, al cielo visible y al viento; y como díada inferior, al oso y al fantasma. El dios creador está hecho de la díada superior de la tierra y el genio femenino; y la díada inferior, de los cuatro vientos y el espíritu. El dios ejecutante contiene la díada superior de la roca y los seres alados junto con los truenos, asociados a las grandes rocas de las montañas; y la díada inferior del tornado y la medicina. Muchos ven en este panteón dakota una especie de pitagorismo del nuevo mundo.[6]

La tradición maya-quiché. El *Popol-Vuh*, libro sagrado de esta tradición, registra cuatro creaciones sucesivas que corresponden a cuatro soles y cuatro edades. El hombre completo o definitivo, que es *el hombre de maíz*, no aparece sino hasta la última edad, en la cuarta creación.

Los zunis. Los zunis tienen una doctrina sagrada del origen de las cosas (*hirogamia*) muy sencilla, basada en la Tierra y el Cielo. La Tierra se denomina *«Madre Cuádruple»*. No crea sino que contiene todo lo que existe. El CUATRO es el número de la Tierra, que viene a representar a Dios, en cuanto que contiene todo y deja a los *demiurgos* la obra creadora. Los zunis admiten, además de los cuatro elementos, las cuatro direcciones cardinales que están gobernadas por los cuatro dioses de la lluvia. Los mayas hablan de cuatro tigres o jaguares que defienden los sembrados. Los zunis ven además, en el fondo de la tierra, cuatro cavernas que llaman *«los cuatro vientres de la Tierra-Madre»*. Del nivel más bajo, donde reina la oscuridad extrema, vienen los hombres. Pero los guerreros *ayahutas*, gemelos divinos creados por el Sol, bajan a la profunda oscuridad a liberar a los hombres. Estos deben atravesar el mundo del hollín, del azufre, de la niebla y de las alas, para llegar a la Luz. En resumen, en la religión mitológica de estos pueblos, el CUATRO aparece como el signo de la potencialidad, la liberación y el progreso. Muchos expertos en las religiones de los incas y otros pue-

CAPÍTULO SEIS

blos de la región andina de América del Sur, descubren cuatro eras míticas que preceden a la creación del hombre.[7]

Los dogones de Malí. Para estos pueblos, el CUATRO es el número de la feminidad, y por extensión, del Sol, símbolo de la matriz original. La matriz fecundada se representa como un huevo abierto hacia abajo, que es réplica del huevo cósmico cerrado. El huevo fecundado tiene el valor de cuatro: la parte superior, los dos lados y la parte inferior abierta. CUATRO es también el número del prepucio, considerado como la parte femenina o *«alma hembra»* del hombre. Por eso se circuncida al varón.

Para los dogones, la creación está representada por el doble de CUATRO, el OCHO. En el origen de todo, hubo ocho antepasados de todo: ocho familias de hombre, de animales, de plantas, etc. Pero la perfección está representada por siete, que asocia el principio-hembra = cuatro, con el principio macho = tres.

Los belubas y lulúas del Congo. Para estos pueblos y otros de la costa occidental del África, la división del mundo se da en cuatro planos sobre los brazos de una cruz vertical orientada de oeste a este. Estas culturas tienen una sexualización inversa a la que hemos visto en otros pueblos. CUATRO es el número masculino y TRES el femenino.[8]

Las doctrinas y ritos de iniciación. En la sociedad de los brujos y curanderos abunda el número CUATRO, comenzando con los cuatro grados que llevan a la iniciación perfecta, como símbolo del universo cuatripartito. El gran Manitú reina sobre el cuarto grado, y su representación está llena de símbolos cuaternarios: una cruz, un pilar, un cuadrado, etc.

Según la doctrina de los sufíes y otros pueblos derivados de los antiguos derviches turcos, el CUATRO es el número de los elementos y de las puertas que un adepto debe atravesar para alcanzar la perfección mística. A cada una de estas puertas corresponde un elemento: Aire, Fuego, Agua y

Tierra. A cada uno de estos elementos corresponde un estado de progreso del adepto en su camino hacia la unión con Dios, para llegar a la cual debe atravesar el cuarto elemento, la Tierra (*el Hakikat*), que es el más denso.

Conclusión

Podemos concluir esta parte del significado general del número CUATRO con una observación sobre la importancia del número CUATRO en la esfera espacial. En efecto, esta extensión está señalada por los cuatro puntos cardinales, aunque se refiere solo a la superficie plana. Si agregamos las dimensiones de «abajo» y «arriba», debemos contar ya no cuatro, sino seis dimensiones, que son las que constituyen el espacio tridimensional. Por eso el dado, limitado por seis caras cuadradas, es símbolo de lo firme e inmutable, que según la teoría platónica, representa la tierra. Para Orígenes, el teólogo cristiano más importante del siglo III d.C., el cubo es la imagen de la consistencia perfecta. Esto parece confirmado por el libro del Apocalipsis de Juan, donde la Jerusalén celestial aparece en forma de cubo:

> *El ángel que hablaba conmigo llevaba una caña de oro para medir la ciudad, sus puertas y su muralla. La ciudad era cuadrada; medía lo mismo de largo que de ancho. El ángel midió la ciudad con la caña, y tenía dos mil doscientos kilómetros: su longitud, anchura y altura eran iguales* (21:15-16).

Y con esto entramos al significado bíblico del número CUATRO.

CAPÍTULO SEIS

SIGNIFICADO BÍBLICO

Significado bíblico del número CUATRO

También en la Biblia el número CUATRO tiene un sentido de totalidad, pero casi siempre en relación con el número TRES, que representa a Dios, aunque ya hemos visto que Dios se conoce en las Escrituras por el tetragrámaton inefable de las cuatro consonantes de YAHVÉ. En realidad, el CUATRO es el número del Universo, del cosmos, del mundo, como creación divina. Esto se expresa en diversas formas en las Escrituras. Tenemos «*cuatro vientos en los cielos*» (Jeremías 49:36; Ezequiel 37:9; Deuteronomio 7:2; 8: 8; Zacarías 2:6; 6:5; Mateo 24:31; Marcos 13:27; Apocalipsis 7:1); la totalidad del mundo creado se presenta como encerrada por cuatro «*confines o extremos de la tierra*», (Isaías 11:12; Ezequiel 7:2; Apocalipsis 7:1; 20:8), que corresponden a «*los cuatro puntos cardinales*»: este, oeste, norte y sur (1 Crónicas 9:24; Isaías 11:12; Salmo 107 3; Lucas 13:29). Algunas versiones modernas, como la *Nueva Versión Internacional*, conscientes del significado totalizador del número CUATRO, traducen expresiones como «*cuatro extremos, confines de la tierra o del país*» por «*todo el país*» o «*toda la tierra*».[9]

Clásicas en la literatura apocalíptica, que veremos con más detenimiento en capítulo aparte, son *las **cuatro** criaturas vivientes* de Ezequiel (1:5) con ***cuatro** caras, **cuatro** alas, **cuatro** manos, conectadas a **cuatro** ruedas*. El CUATRO tiene un sentido totalizador, como ya lo hemos visto. En Ezequiel 10, estos seres vivientes se identifican como «querubines», y funcionan como «asistentes» de Dios ante su trono (véase 1:10). Las caras, las alas, las manos y las ruedas representan los diferentes poderes y prerrogativas divinas, ejercidas por él a través de sus criaturas. Cada uno de los

CAPÍTULO SEIS

seres vivientes representa una parte de los seres creados: el hombre, bajo el cual puso Dios toda su creación, delegándole su dominio y poder (Génesis 1:26-28; Salmo 8); el león, rey de los animales y más fuerte de todos; el toro, la más vigorosa de las bestias domesticadas; y el águila, la más formidable de las aves, que desde las alturas todo lo ve. Estas cuatro criaturas aparecen de nuevo en Apocalipsis 4:7 y durante la Edad Media llegaron a representar a los cuatro evangelistas.[10]

En Zacarías 1:18 aparecen «*cuatro cuernos y cuatro herreros*», cuyo significado explica el mismo texto bíblico. «*Cuernos*» es símbolo del poder, y aquí representan los cuatro imperios opresores del pueblo de Dios: Asiria, Egipto, Babilonia y el imperio Medo-Persa. A los cuatro cuernos se oponen los cuatro herreros (1:20), que son los poderes suscitados por Dios para defender a su pueblo y liberar a las naciones.

En el capítulo 6:1-8, Zacarías presenta su octava visión, paralela a las primeras (1:7-17). Aparecen aquí *cuatro carros de guerra*, que han sido interpretados como los agentes del juicio y castigo divinos. El número CUATRO de nuevo es totalizador, abarca todo el universo. Dios aparece como el soberano que controla todos los eventos de la historia, y nada se escapa a su juicio y castigo. Cada caballo es enviado a una región específica que representa los cuatro confines del Universo simbolizados por los colores que también pueden representar una clase específica de castigo, como guerra, muerte, peste, etc. En 6:5 «*los cuatro espíritus*» pueden simbolizar la presencia de Dios en todos los lugares de la tierra.[11]

Repitamos que en todos estos pasajes se descubre el sentido totalizador del número CUATRO. En el sueño del rey Nabucodonosor, interpretado por Daniel (capítulos 2 y 3), toda la historia de Babilonia se resume en cuatro reinos representados por la estatua gigantesca que vio el rey en sus sueños. No es accidente que el número de evangelios sea cuatro; que Pedro haya tenido una visión de *«una gran sábana que sostenida por su* **cuatro** *puntas, descendía del cielo a la tierra, cargada de toda clase de cuadrúpedos, reptiles y aves»* (Hechos 10:9 ss), que representa al universo entero y tiene el sentido totalizador de la purificación universal ganada por el sacrificio de Cristo para todas las criaturas, sin excluir ninguna, como pasaba con ciertos animales en la antigua Ley.

Sentido apocalíptico del número CUATRO

Aunque tengamos que repetir algunos conceptos ya enunciados, será útil resumir en unos párrafos los diversos sentidos apocalípticos del número CUATRO, por su importancia, para una correcta exégesis bíblica. Como en el resto de la Biblia y aun fuera de la misma, el CUATRO tiene siempre su sentido generalizador de universalidad. Los cuatro seres vivientes, que ya hemos mencionado, representan en conjunto a todos los que viven en el mundo de la luz, porque han sido alcanzados por la gracia luminosa del Altísimo, omnisciente y omnipresente. Por eso aparecen *«cubiertos de ojos por delante y por detrás»* (Apocalipsis 4:6).[12]

Los cuatro jinetes traen el castigo universal para gran parte de la humanidad (una tercera parte, para ser más exactos), a través de las cuatro plagas que desatan. Los cuatro colores de sus caballos corresponden, como en la visión de Zacarías (6:1-8), a los cuatro puntos cardinales y a las cuatro partes del día, para mostrar la universalidad de la acción en el tiempo y en el espacio: el blanco representa al oriente por donde sale la luz y se inicia el día con el alba; el rojo representa al sur y al mediodía, cuando el sol está en su pleno apogeo ardiente y quemante; el verde o glauco al oeste y al crepúsculo; y el negro al norte y a la noche.[13]

Este mismo sentido universal que lo abarca todo se descubre en los cuatro ángeles destructores de pie en las cuatro esquinas de la tierra (Apocalipsis 7:1-3); los cuatro ríos del paraíso (Génesis 2:10-14); la muralla cuadrada de la Jerusalén celestial con sus cuatro grupos de tres puertas, hasta completar doce (Apocalipsis 21:10-18); los cuatro campamentos de las doce tribus de Israel (Números 2); los cuatro emblemas de las tribus, uno por cada grupo de tres: el león, el hombre, el toro y el águila (Apocalipsis 4:7-8). Una antigua tradición judía asigna a cada uno de estos grupos una de las cuatro letras del nombre divino YHVH: «Y» (*yod*), al hombre; «H» (*he*) al león; «V» (*vau*), al toro; y la segunda «H» (*he*), al águila. Ireneo, padre de la Iglesia del siglo II, recoge una tradición cristiana muy antigua que asigna cada uno de los seres vivientes a cada uno de los cuatro evangelistas, en concordancia con las características de cada evangelio: el león a Marcos, que es símbolo de Cristo como juez y doctor, cuando se representa con un libro o un rollo. Representa también al león de Judá que aparece a lo largo de la Escritura, desde Génesis 49:8-10. Marcos comienza su Evangelio presentando a Juan el Bautista, «el predicador del desierto». El león es, además, símbolo de la naturaleza divina de Cristo. El hombre o rostro humano, en Mateo, representa la humanidad de Cristo, como descendiente de Abraham. Lucas, por su parte, comienza hablando del sacrificio de Zacarías en el templo y el anuncio de que su mujer concebirá un hijo, ambas cosas representadas por el toro, símbolo del sacrificio y de la fecundidad. En el evangelio de Juan habla el Espíritu con todo su poderío. El águila representa no solo ese poder de lo alto, sino la altura y profundidad teológicas de su escrito, que se inicia con el reconocimiento del Logos-Luz. Esta tradición de los cuatro animales se difundió en el arte antiguo y medieval.[14]

Estos cuatro animales corresponden por otra parte a las cuatro constelaciones cardinales de la banda del zodíaco: el Toro (*taurus*), el León (*leo*), el Hombre y el Águila. En todos estos cuaternarios se contiene la idea de una totalidad. En

CAPÍTULO SEIS

la visión de Ezequiel (1 ss) que hemos mencionado y que debe remontarse al año 593 a.C., es evidente su valor simbólico:

> ...*en medio del fuego vi algo parecido a **cuatro** seres vivientes, cada uno de los cuales tenía **cuatro** caras y **cuatro** alas. Sus piernas eran rectas, y sus pies parecían pezuñas de ternero y brillaban como bronce bruñido. En sus **cuatro** costados, debajo de las alas, tenían manos humanas. Estos **cuatro** seres tenían caras y alas, y las alas se tocaban entre sí...Sus rostros tenían el siguiente aspecto: de frente, los **cuatro** tenían rostro humano; a la derecha tenían cara de león; a la izquierda, de toro; y por detrás, de águila* (Ezequiel 1:5-10).

Muchos exegetas descubren en este cuadro de recargado simbolismo, representadas varias de las cualidades divinas, entre ellas principalmente su movilidad y ubicuidad espirituales. Yahvé no está amarrado solo al templo de Jerusalén, como fue la creencia generalizada en el Antiguo Testamento, sino que su presencia puede sentirse en cualquier parte y lugar. Esto era de especial importancia para los judíos del exilio, que se habrían quedado sin su Dios si este garantizaba su presencia solamente en el templo y en Jerusalén. La verdad de fondo es que Dios viajaba con su pueblo a dondequiera que este tuvo que movilizarse. La iconografía judía no estuvo tampoco libre de la influencia de las culturas circundantes como la asiria, en este caso, donde eran muy comunes la representaciones de los *karibu*, cuyos nombres corresponden exactamente a los nombres de los querubines del arca de la alianza (véase Éxodo 25:17-20). Todos estos seres, igual que los del santuario, tenían cabeza humana, cuerpo de león, patas de toro y alas de águila. Estatuas idénticas guardaban la entrada del palacio real en Babilonia. Estos servidores de los dioses paganos fueron enganchados por el pueblo de Israel para halar el carro de su Dios y servir como un símbolo del poder y trascendencia de Yahvé. En Ezequiel sirven de soporte al trono de Dios, que se apoya en la bóveda celeste:

> *Por encima de esa bóveda había algo semejante a un trono de zafiro, y sobre lo que parecía un trono había una figura de aspecto humano. De lo que parecía ser su cintura para arriba, vi algo que brillaba como el metal bruñido, rodeado de fuego. De su cintura para abajo, vi algo semejante al fuego, y un resplandor a su alrededor. El resplandor era semejante al del arco iris cuando aparece en las nubes en un día de lluvia. Tal era el aspecto de la gloria del Señor...* (Ezequiel 1:26-28).

Es evidente el sentido de superior trascendencia de Dios, representado en forma humana por encima de todas las realidades que están debajo de su trono, donde tiene su asiento eterno. Cada uno de estos símbolos cuaternarios representa peldaños ascendentes que llevan a su gloria inmarcesible.[15]

Conclusión

Con Robert D. Johnston, en su librito *Los números en la Biblia*, podemos concluir que:

> *El número **cuatro**, compuesto por **tres** + **uno**, indica lo que sigue a la manifestación de Dios en la Trinidad: es decir, su obra creadora. Es el número de los ángulos de la tierra, por lo que alude a la consumación y universalidad de esta.*[16]

CAPÍTULO SEIS

A todo esto el CUATRO agrega las características de ser el primer número divisible simplemente, lo que indica que no es como el uno, el tres y el siete, que son números indivisibles, y por lo mismo, más fuertes y consistentes. Por eso el CUATRO queda muy bien para representar la creación y su calidad de realidad que no fue y llega a ser; y que cambia y se puede destruir; lo mismo que ocurre con la relación del ser humano con el universo que lo rodea, que también comparte su calidad de inseguridad y transitoriedad, como resultado de la caída y fracaso de la criatura humana frente a su Creador. Esta nos debilitó y nos colocó en un estado completo de indefección y debilidad (CUATRO), que sólo se resuelve con la presencia y complemento de Dios mismo (TRES), en la naturaleza creada y en el hombre: CUATRO + TRES da el número completo y perfecto: SIETE.

Con este razonamiento, el CUATRO adquiere nuevas proyecciones en sus significados: Por ejemplo, los CUATRO evangelios se convierten en la manifestación del amor de Dios a través de la obra redentora de su Hijo, como invención de su misericordia para dar remedio inmediato al pecado y debilidad humana, después de la caída. Este propósito divino manifestado en las buenas nuevas de los cuatro evangelistas, los resume maravillosamente uno de ellos: «*Porque tanto amó Dios al mundo, que dio a su Hijo unigénito, para que todo el que cree en él no se pierda, sino que tenga vida eterna*» (Juan 3:16). Es como si el TRES perfecto (Dios) interviniera en el CUATRO imperfecto (mundo), para elevarlo a su nivel de perfección (SIETE). Las obras de Dios en la naturaleza son siempre perfectas y completas.

CAPÍTULO SEIS

NOTAS

[1] Juan Mateos y Fernando Camacho, *Evangelio, figuras y símbolos*. Córdoba: Ediciones El Almendro, 1989. p. 84.
[2] Manfred Lurker, *El mensaje de los símbolos*. Barcelona: Editorial Herder, 1992. p.147.
[3] *The Illustrated Bible Dictionary*. Part 1. Aaron-Golan. Inter-Varsity Press, Tyndale House Publishers, 1980. p. 1098.
[4] Jean Chevalier y Alain Gheerbrant, *Diccionario de los símbolos*. Barcelona: Editorial Herder, 1995. p. 380.
[5] Yves Bonnefoy; *Diccionario de las mitologías*, Vol. VI. p.63.
[6] Ibid. p. 184.
[7] Ibid. p. 382.
[8] Ibid. p. 283.
[9] *The Illustrated Bible Dictionary*. Op. cit. p. 1098.
[10] Jean-Pierre Prévost, *Para leer el Apocalipsis*. Estella, Navarra: Editorial Verbo Divino, 1994, p. 89.
[11] *The New International Dictionary of New Testament Theology*. Vol. II. Colin Brown, General Editor.Grand Rapids: Zondervan Publishing House, 1971. p. 688.
[12] Prevost, *Op. cit.* p. 90.
[13] *The New International Dictionary of New Testament Theology*, *Op. cit.* p. 689.
[14] Olivier Beigbeder, *Léxico de los símbolos*. Vol. 15. Madrid: Ediciones Encuentro, 1989. pp. 323-25.
[15] Milton S. Terry, *A Treatise on the Interpretation of the Old and New Testament*. Grand Rapids: Zondervan Publishing House. p. 382.
[16] Robert D. Johnston, *Los números en la Biblia*. Grand Rapids: Editorial Portavoz, 1994, p. 57.

CAPÍTULO SIETE

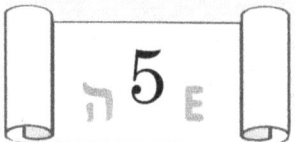

EL CINCO

SIGNIFICADO GENERAL

Fruto de la unión del primer número par (2), con el primer número impar (3), el CINCO simboliza la unión nupcial, así como la armonía y el equilibrio. Puede indicar también responsabilidad.

El CINCO es el producto de la suma del primer número par con el primer impar (2 + 3), y esta es la base de su simbolismo: «unión de dos desiguales». Es, por otra parte, el número medio de los nueve primeros números. Todo esto lo lleva a ser reconocido como el número intermediario, el que une; centro de la concordia y el equilibrio y, como tal, signo de unión y armonía; «número nupcial», como lo llaman los pitagóricos. Será, pues, la cifra de las *hierogamias*, o matrimonio del principio celeste (3) y el principio terreno de «la madre tierra» (2).

Forma parte de la imagen simbólica que representa al ser humano: una figura humana de brazos extendidos en forma de cruz, los cuales dividen la figura en cinco partes, es decir, los dos brazos, el busto, el corazón, la cabeza y las piernas. El número CINCO se usa también como símbolo del Universo, con sus dos ejes, horizontal y vertical, que se cruzan en el centro, representando el orden y la perfección.

CAPÍTULO SIETE

Por eso es símbolo de la voluntad divina que busca siempre el orden y la perfección.[1]

Símbolo del mundo sensible
Las formas sensibles de la materia son cinco y se perciben a través de los cinco sentidos: la visión, el oído, el olfato, el gusto y el tacto. Esto hace al CINCO el número de la totalidad del mundo sensible. Por eso muchos han descubierto una relación estrecha entre el CINCO y el ser humano que, dividido longitudinalmente de arriba a abajo, desde la cabeza a los pies, tiene cinco partes iguales que se inscriben en cinco cuadrados iguales. Por eso —dicen— el ser humano tiene cinco sentidos y cinco extremidades: cabeza, brazos y piernas.

Cristo, como el hombre por antonomasia o *«micro-cosmos de la humanidad»*, fue atravesado por cinco llagas, que son testigos de su humanidad sacrificada por la redención del hombre.[2]

El CINCO, número de iniciación
Aparece en los cultos paganos y aun en la Biblia con un carácter iniciático. Este carácter lo emparenta estrechamente con la doctrina pitagórica que lo presenta como base de armonía matemática que se convierte en armonía musical a través del pentagrama. En último término, la música se resuelve en números representados por notas, insertadas en las cinco líneas del pentagrama. Para cantar y tocar bien hay que saber contar; cada nota tiene un valor numérico. Para Pitágoras y sus discípulos, todo esto tiene una realidad misteriosa y esotérica que permite al hombre expresar las ideas y sentimientos más íntimos e inexpresables.

Quizás por esto la cábala se representa con una estrella de cinco puntas, que puede convertirse en un signo maléfico si dos de las puntas de la estrella se giran hacia arriba, y la misma se convierte en símbolo del chivo demoníaco. Para los chinos y otros pueblos, el cinco es el número de las sociedades secretas.³

El CINCO y el DIEZ

Como veremos más adelante, el CINCO tiene una posición importante en el simbolismo bíblico. Cinco son los libros de Moisés, el Pentateuco, que contiene la Tora o Ley recibida en el Sinaí. Con cinco piedras tomadas del torrente (1 Samuel 17:40), David derribó a Goliat. San Agustín, en su comentario a este pasaje de la Escritura y bien empapado en la cultura y filosofía griegas y en las enseñanzas de Pitágoras, explica este caso al relacionar el número cinco con el diez y el uno. Este es su razonamiento:

> *Hermanos, veis aquí enfrentados, por una parte, al demonio, representado por Goliat, y por otra, a Jesucristo figurado por David. Este tomó cinco guijarros del torrente, los puso en el odre que le servía para recoger la leche de las ovejas, y armado de esta suerte, avanzó hacia el enemigo. Los **cinco** guijarros de David representan los cinco libros de la Ley de Moisés. Esta, a su vez, encierra **diez** preceptos saludables de los que dimanan todos los demás. La Ley está, pues, figurada por el número **cinco** y por el número **diez**. He aquí por qué David combate con cinco piedras, y canta, como dice el Salmo 144:9, con un instrumento de **diez** cuerdas. Y fijaos que no lanza las cinco piedras, sino una sola. Esta piedra única es la unidad que cumple la ley, es decir, la caridad o el amor. Fijaos que tomó las piedras en el lecho del río. ¿A quién representa este río sino al pueblo ligero e inconstante al que la violencia de las pasiones arrastra al mar del siglo? Ahora bien, tal era el pueblo judío. Había recibido la Ley, pero*

CAPÍTULO SIETE

pasaba por encima de ella, como el río corre por encima de las piedras. El Señor, pues, tomó la Ley para elevarla a la Gracia, como David tomó las piedras en el lecho del río y las puso en el odre de la leche. ¿Y que figura más exacta de la Gracia que la abundante dulzura de la leche?[4]

Este pasaje del gran obispo de Hipona, nos muestra con qué sutileza los padres de la Iglesia presentaban los aspectos extremos del simbolismo romántico-teológico de los números.

El CINCO en las culturas de los pueblos

Los números no tienen siempre una representación uniforme en todos los pueblos y culturas. Es curioso observar cómo en algunas culturas ciertos números prevalecen, mientras que en otras apenas si tienen papel alguno en sus mitos, enseñanzas o religión. Para los egipcios, por ejemplo, el cinco carece de importancia, mientras que para los chinos es un número trascendental en su uso y significado.

El CINCO y la cultura china

Se le considera el «número del *Centro*». Se le encuentra en la casilla central de *Lo-chu*. «*Wu*» (cinco), significa *la cruz* de los cuatro elementos, más el *Centro*. Posteriormente se le añaden dos trazos paralelos que representan el Cielo y la Tierra, entre los que el *yin y el yang* producen cinco agentes.

En el reino del *Centro*, el CINCO es el número de las regiones del mundo: las cuatro correspondientes a los cuatro puntos cardinales, más la del centro. Los antiguos autores chinos aseguran que las leyes universales, bajo el cielo, se dan de a cinco en cinco: hay cinco colores, cinco sabores, cinco tonos, cinco metales, cinco vísceras, cinco planetas, cinco orientes, cinco regiones del espacio y por

CAPÍTULO SIETE

supuesto, cinco sentidos. Del mismo modo, es el número de las montañas sagradas, de los emperadores, de la edad primera y de los elementos que están en una relación mutua: la tierra bebe el agua; el agua apaga el fuego; el fuego funde el metal; el metal corta la madera; la madera sale de la tierra de la que se alimenta, y la madera es parte de la tierra. El CINCO simboliza también para los chinos la felicidad; esta se representa con cinco murciélagos, cuyo nombre «*fu*» es idéntico a «prosperidad», «*fu*». Podrá ser porque el cinco representa la suma de la Tierra (2) y el Cielo (3). El cinco es también el número del corazón.[5]

Los pueblos islámicos y el CINCO

El islamismo le da también una gran importancia al número CINCO. Cinco son las columnas fundamentales del islam: la confesión de fe, la plegaria obligatoria, el ayuno del Ramadán, la limosna y la peregrinación a la Meca. Cinco son los profetas reconocidos en el Corán: Noé, Abraham, Moisés, Jesús y Mahoma. Cinco veces al día debe orar el creyente fiel. Los cinco dedos de la mano extendida tienen un significado de amuleto para rechazar el mal de ojo; su representación se conoce como «*mano de Fátima*», la hija menor de Mahoma.

El CINCO es una cifra de felicidad y de fortuna para el islam. Con la misma se identifican el pentagrama con su música, los cinco sentidos con su disfrute, y el matrimonio con su unión y armonía. Cinco es el número de las horas de oración y de los géneros de ayuno; de los motivos de ablución, o lavatorio de purificación y de las dispensas para el día santo del viernes. Hay cinco generaciones para la venganza tribal, cinco fórmulas de oración: «*Dios es grande*», cinco testigos del pacto o *Mubahala*, y cinco claves coránicas del misterio.[6]

Para contrarrestar el mal de ojo, se deben extender los cinco dedos de la mano derecha diciendo: «*Cinco sobre tu ojo*». La cifra CINCO se ha convertido en un sortilegio. El quinto día de la semana (jueves) está bajo el signo de la protección eficaz.

La cultura hindú y el CINCO
El número CINCO resulta de la unión de DOS, que es número hembra, y el TRES, que es macho. Por eso es principio de vida, que corresponde a Śiva, el dios de la trasformaciones, cuyo símbolo es el pentágono estrellado, rodeado de cinco triángulos radiantes. Śiva es el Señor del universo que domina las cinco regiones; por eso se representa con cinco caras.

En la religión budista
Los budistas, especialmente los japoneses, distinguen cinco orientes: los cuatro puntos cardinales más el centro; cinco elementos: tierra, agua, fuego, viento y espacio; cinco colores; cinco escalas de conocimiento, que son las poseídas por el Buda superior y a las que debe aspirar todo adepto, hasta llegar al nivel del «*despertar*». El CINCO es, pues, el número de la perfección integrada.[7]

En la cultura celta
Hay una tradición significativa en el uso del CINCO. Irlanda está dividida en cuatro provincias más la quinta, que es la central, cuyo nombre es «*coiced*», literalmente «*quinta*».

El panteón celta tiene cinco dioses fundamentales: un dios supremo, *Lug* (luminoso), parecido a Mercurio, y cuatro dioses más, que representan más que todo funciones del supremo. CINCO sería así un símbolo de la totalidad conseguida por los cuatro al integrarse al centro («*el quinto*»). En muchos textos medievales irlandeses, *cincuenta* y sus múltiplos, como ciento cincuenta («*iri coicait*»: «*tres cincuentas*») indican y simbolizan lo infinito. Y muy raramente se cuenta más allá. Con el ciento cincuenta se

CAPÍTULO SIETE

acaban los números exactos; por eso el sistema numérico celta es muy difícil de usar.[8]

En Mesoamérica

Las religiones centroamericanas consideran el CINCO como un número sagrado. Es el número del dios del maíz, cuya primera hoja sale al quinto día después de la siembra. Este dios se representa con una mano abierta. El *glifo*, o grabado maya del número cinco, que a veces tiene los rasgos de un pez, se representa también con una mano. Los *chorti*, descendientes de los mayas, siguen asociando el número cinco y el pez al maíz. De los dioses gemelos del maíz (el dios Sol y el dios Luna), es este último el que conserva el símbolo del pez y del cinco como propios. Según el *Popol-Vuh*, libro sagrado de los mayas, los dos dioses gemelos mueren, pero resucitan al quinto día.[9]

Los *chorti* consideran que el ciclo de la infancia, siguiendo la analogía hombre-maíz, es de cinco años. A los cinco años se supone que los niños alcancen el uso de la razón. Mientras llegan a esta edad, el dios maíz los protege y patroniza.

Los mayas creen que Dios trae a la vida a los muertos halando de una cuerda que es su alma, del mismo modo que el maíz llega a la vida, halado por Dios de la cuerda de su tallo, después de un período de gestación de cinco días. *Quetzalcoatl*, divinidad de los antiguos mexicanos, adorado por los toltecas, tiene sucesivas metamorfosis y varios renacimientos; pero permanece por cuatro días en el infierno antes de renacer, al quinto día.

El *glifo* o representación solar de los mayas, como el dios del maíz, se compone de cinco círculos. Para los mayas, CINCO es también la cifra de la perfección; y el quinto día de la semana debe dedicarse a las divinidades de la tierra. Este es precisamente el día de la serpiente, que es el dios de la lluvia vital.[10]

CAPÍTULO SIETE

El CINCO, dios de la conciencia

Para los aztecas, el mundo se completa y realiza a través de sus cuatro soles; pero esta realización se manifiesta a través del quinto sol de nuestra era. Cada uno de los soles corresponde a un punto cardinal; el quinto sol corresponde al centro o medio de la cruz dibujada por el cruce de los cuatro soles. El despertar de este centro constituye la manifestación de la conciencia. Cinco es, pues, la cifra simbólica del hombre-conciencia del mundo. Los aztecas identifican el *Sol del centro* con la divinidad XINLITECUTLI, dueña del Fuego, representada a veces por una mariposa.

El dios CINCO

Entre los aztecas, el dios CINCO es el dios del maíz joven, señor de la danza y de la música, asociado al amor, a la primavera, a la aurora y a todos los juegos. Este mismo dios toma el nombre de «*el cantor*», y es entre los *hutchol*, la estrella de la mañana. El número cinco simboliza para los antiguos habitantes de México y otras culturas indígenas de América Central, el paso de una vida a otra por la muerte, y el vínculo indisoluble del lado luminoso y del lado sombrío del universo.[11]

El CINCO en las culturas andinas

Para los antiguos habitantes del Perú y las regiones andinas, el CINCO es muy importante. Todo lo que sirve de alimento, germina en cinco días, después de su siembra. Los muertos resucitan de alguna manera después de cinco días; por eso no deben enterrarse antes. Al quinto día el espíritu, en forma de un insecto, reaparece. En sus mitos e historias existe un diluvio que dura cinco días, un eclipse de sol mundial que mantiene al mundo en tinieblas por cinco días; es cuando montañas y rocas chocan. Adoran al dios *Parycaca*, nacido de cinco huevos, señor de las aguas y del rayo. Se representa en forma de cinco milanos: es uno en cinco; hace caer la lluvia simultáneamente de cinco puntos diferentes, y lanza sus relámpagos desde cinco regiones del cielo.

El CINCO en la cultura griega

Hesíodo, el gran poeta griego del siglo VIII a.C., enseña en su obra *Los trabajos y los días* que la tierra fue sucesivamente habitada por cinco diferentes categorías de seres humanos: los hombres de oro, los de plata, los de bronce y los semidioses, antes que apareciera nuestra generación de los hombres de hierro. Los semidioses perecieron en la guerra de Troya.

Plutarco usa el cinco para designar la sucesión de las especies. Una idea tal podría encontrarse en el Génesis, donde se dice que los peces y las aves fueron creados el quinto día. Por otra parte, el número CINCO es base del pentagrama musical, y rige la estructura del hombre.[12]

Conclusión

De todo lo expuesto se colige en resumen que el CINCO representa la existencia material y objetiva. Es el signo de la vida manifiesta, que se expresa, no en un estado sino en una acción. Es el número de la individualidad.

CAPÍTULO SIETE

SIGNIFICADO BÍBLICO

Muchos ven el CINCO como una composición del CUATRO, símbolo de lo creado por Dios (el Universo), y el UNO, número del Dios Creador poderoso. El CINCO representaría, pues, la relación de dependencia de las criaturas hacia su Creador, y por lo mismo, su responsabilidad ante el mismo. En el número cinco se conjugan limitación, dependencia, debilidad de parte de las criaturas, y bondad y gracia de parte de Dios.

En los primeros cinco libros de la Biblia (el Pentateuco) se registran a la vez la caída y las flaquezas del ser humano: su fracaso y pecado, junto a las manifestaciones de gracia y redención del Creador. Quizás por eso podría ser emblemática la partida de los israelitas de Egipto, liberados por Dios a través de su siervo Moisés, «*en formación de combate*», es decir, «*en filas de a cinco en fondo*». El ingreso a la tierra prometida, cuarenta años después, fue así mismo «*en pie de guerra*» (Josué 1:14).[13]

El CINCO y el DIEZ

El CINCO y el DIEZ y sus correspondientes múltiplos se asocian frecuentemente en su significado. Ambos números representan en su base el sistema decimal ya implantado en Palestina en tiempos bíblicos. Algunos ejemplos son los diez patriarcas mencionados en el Antiguo Testamento antes del diluvio; las diez plagas de Egipto; los Diez Mandamientos y el diezmo (véanse Génesis 14:20; 28:22; Levítico 27:30; 2 Crónicas 31:5; Malaquías 3:10).

En las parábolas de Lucas encontramos una mujer con diez monedas (Lucas 15:8); diez siervos (19:11-27); diez ciudades; diez vírgenes: cinco sabias y cinco necias (Mateo

CAPÍTULO SIETE

25:2); cinco gorriones vendidos por dos monedit as (Lucas 12:6-12); el rico que desde el infierno pide se le predique a sus cinco hermanos (16:19-31); la mujer samaritana con cinco maridos (Juan 4:18); y la multiplicación de los cinco panes con los que se alimentó a cinco mil (Juan 6:9 ss).

Sentido de plenitud

El cinco y sus múltiplos tienen un sentido de plenitud o completa pureza. El aceite de la unción prescrito por Dios a Moisés en el capítulo 30 del Éxodo, está compuesto de cinco elementos:

El Señor habló con Moisés y le dijo: «Toma las siguientes especias finas: quinientos siclos (seis kilos) *de mirra líquida, doscientos cincuenta siclos* (tres kilos) *de canela aromática, doscientos cincuenta siclos* (tres kilos) *de caña aromática, quinientos siclos* (seis kilos) *de casia y un hin* (cuatro litros) *de aceite de oliva...»* (Éxodo 30:23-24).

En el aceite de la unción se debe utilizar lo más selecto y puro de las especias.

Esta noción de completa plenitud o perfección se acentúa aún más en los múltiplos de cinco, como el diez. Este número contiene todos los números primarios y es la base del sistema decimal universal. La palabra hebrea para «diez» tiene el significado de *conjunción o conjunto, unión, coyuntura o asociación.* Los Diez Mandamientos son la esencia o sustancia de la Ley (Torá), el Decálogo o «diez afirmaciones definitivas» que definen los términos del pacto entre Dios y su pueblo a través de Moisés. (Véanse Éxodo 34:28; Deuteronomio 4:13; 10:4). Otros pasajes que trasmiten este significado de lo completo o bien formado son los diez ancianos de la corte de Israel (Rut 4:2); los diez príncipes de

CAPÍTULO SIETE

Israel (Josué 22:14); el diezmo como la ofrenda perfecta o completa querida por Dios (Génesis 14:20; 28:22; Levítico 27:30; 2 Crónicas 31:5; Malaquías 3:10). Diez son, según Pablo, los poderes que no podrán separarnos del amor de Dios (Romanos 8:38 ss.) y diez los pecados que nos excluyen del reino de Dios (1 Corintios 6:10).[14]

El CINCO y el templo

El número CINCO ocurre con frecuencia en la construcción del templo y el tabernáculo. El atrio tenía cinco codos de largo y cincuenta codos de alto. En los costados había veinte columnas y diez en cada uno de los extremos; es decir 60 columnas: doce por cinco. El número doce es representativo del pueblo de Dios y las columnas del poder y la gracia de Dios que sostienen a ese pueblo. Dependemos de ese poder completamente; esto último puede estar representado por el número CINCO. Las cortinas unían las columnas situadas a cinco codos de distancia unas de otras. Estas cortinas medían cinco codos y estaban divididas en cuadrados de a veinticinco codos cada uno. El altar de bronce medía cinco codos por cinco codos. Y el edificio completo era de diez codos de altura, cuarenta de anchura y treinta de longitud.

El CINCO del poder de Dios

El número CINCO parece usarse en la Biblia en contraste con otros números o magnitudes que lo superan descomunalmente, para indicar el poder de Dios sobre otros poderes o fuerzas. Por ejemplo, ya hemos mencionado que el pequeño David venció al gigante Goliat con cinco piedrecillas del arroyo (1 Samuel 17:40); cinco fueron los panecillos que el muchacho anónimo del evangelio facilitó a Jesucristo para realizar el milagro portentoso de alimentar a cinco mil (Lucas 9:10-17). En el Antiguo Testamento Dios promete a su pueblo fiel que si guardan su Ley, cinco de ellos serán

CAPÍTULO SIETE

suficientes para perseguir y vencer a un centenar de sus enemigos (Levítico 26:8). Pablo, por su parte, usa el número CINCO para contrastar el poder de la Palabra bien expuesta frente a la verbocidad de los que pretendían ser santos y perfectos porque hablaban desbocadamente en lenguas sin que nadie los entendiera:

> *Doy gracias a Dios porque hablo en lenguas más que todos ustedes. Sin embargo, en la iglesia prefiero emplear* **cinco** *palabras comprensibles y que me sirvan para instruir a los demás, que diez mil palabras en lenguas* (1 Corintios 14:18-19).[15]

NOTAS

[1] Jean Chevalier y Alain Gheerbrant, *Diccionario de los símbolos*. Barcelona: Editorial Herder, 1995. p. 291.
[2] Manfred Lurker, *El mensaje de los símbolos*. Mitos, culturas y religiones. Barcelona: Editorial Herder, 1992. p. 142.
[3] Olivier Beigbeder, *Léxico de los símbolos* Vol. 15, Serie Europa Románica. Madrid: Ediciones Encuentro, 1989, pp. 330-31.
[4] San Agustín, *Comentarios*, citado por Olivier Beigbeder, *Op. cit.* p. 330
[5] Chevalier, *Op. cit.* pp. 291-92.
[6] Lurker, *Op. cit.* p. 143.
[7] Chevalier, *Op. cit.* p. 292
[8] Yves Bonnefoy, *Diccionario de mitologías* Vol. IV. Barcelona: Destino, 1997. pp. 25-26.
[9] Ibid. Vol. VI. pp. 453-456.
[10] *Popol Vuh. Las antiguas historias del Quiché*. Adrián Recinos, Tr. Bogotá: Fondo de Cultura Económica, 1952.
[11] Chevalier, *Op. cit.* p. 293.
[12] Lurker, *Op. cit.* pp. 292-93.
[13] *The Illustrated Bible Dictionary*. Part 1. Aaron-Golan. Inter-Varsity Press, Tyndale House Publishers, 1980. p. 1098.
[14] Robert D. Johnston, *Los números en la Biblia*. Grand Rapids: Editorial Portavoz, 1994. pp. 61-62.
[15] Juan Mateos y Fernando Camacho, *Evangelio, figuras y símbolos*. Córdoba: Ediciones El Almendro, 1989, pp. 85-86.

CAPÍTULO OCHO

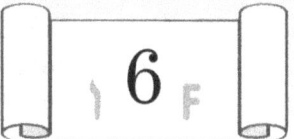

EL SEIS

SIGNIFICADO GENERAL

Si SIETE (7) es el número perfecto; el SEIS (6), que no llega a SIETE, es el número imperfecto e incompleto. Puede simbolizar el mal y al hombre sin Dios ni Cristo.

Un número complejo

El numero SEIS es fuente de muchas ambivalencias. Muchos ven en él la oposición entre Dios y la criatura que mantiene entre los dos una clase de equilibrio indefinido. Esto no significa necesariamente oposición o contradicción; sencillamente el SEIS es un número imperfecto e incompleto, de lo que todavía no está terminado. Está formado por dos cantidades ternarias (3 + 3) que pueden ser equivalentes y reforzadas mutuamente o diferenciadas y contradictorias, creando un desequilibrio y tensión. Por eso el compuesto representado por el SEIS puede inclinarse hacia lo más perfecto y completo o hacia lo más imperfecto e incompleto; hacia el bien o hacia el mal; hacia la búsqueda y unión con Dios, o hacia el rechazo del mismo. De esta ambivalencia resulta que el SEIS es el número de los dones recíprocos o compartidos, o de los antagonismos y contradicciones; de la vida mística que nos hace conscientes de la imperfección y nos impulsa a buscar la perfección afanosamente, sabiendo que todavía nos falta mucho para adquirirla. El seis representa, pues, una perfección en potencia, que se expresa por

CAPÍTULO OCHO

el simbolismo gráfico de seis triángulos equiláteros (de lados iguales) inscritos en un círculo. Cada lado de cada triángulo equivale al radio del círculo, y el SEIS es CASI exactamente la relación de la circunferencia con el radio.[1] El problema es el **casi**, que crea la posibilidad de una relación matemática imperfecta entre los componentes de la ecuación. Es decir, entre el círculo y los seis triángulos; entre la circunferencia y el radio. Esto hace del seis el número de prueba entre lo exacto y lo inexacto; entre lo perfecto e imperfecto; entre el bien y el mal; entre lo completo, representado por el número siete, y lo imperfecto. Es esta relación y significado la que muchos utilizan para explicar el número apocalíptico 666, aplicado a la bestia, o al anticristo, quien con todo su poder y grandeza es y sigue siendo «imperfecto» e «incompleto»: tres veces incompleto; tres veces seis.

Múltiples significados

Rabano Mauro, sabio monje benedictino alemán de los siglos VIII y IX d.C., escribió sobre la comprensión simbólica de los números y dijo lo siguiente del número SEIS: «El número seis no es perfecto porque Dios crease al mundo en seis días; más bien Dios creó el mundo en seis días porque el número seis podría ser perfecto».[2]

Con esto quiso decir el sabio alemán que el SEIS, como los otros números, constituye el principio interno ordenador de todo el desarrollo cósmico. De aquí nace que los números puedan adoptar formas visibles, figuras geométricas. La interpretación cristiana, por ejemplo, representa al seis con dos triángulos de seis puntas, y le da el significado del mundo que está dividido entre cielo y tierra.

En la alquimia, el hexagrama (figura de seis lados) es símbolo de la unión del fuego y el agua. Según una tradición hindú, el triángulo que apunta hacia arriba simboliza el aspecto creador ligado a Visnú; mientras que el que apunta hacia abajo representa el aspecto destructor del universo, que se le asigna a Śiva. Todas estas interpretaciones apuntan a la identificación del SEIS como un número imperfecto o incompleto, que bien puede representar el progreso y la búsqueda de la perfección, o quedarse en los niveles imperfectos de la realidad del mundo y del hombre.[3]

El SEIS en la antigua religión irania

La antigua religión irania conoce seis períodos de la creación que corresponden a los seis ángeles superiores (los *amesha spentas)*, que a su vez se relacionan con los denominados seis elementos: *el novillo (*mundo animal), *el fuego, el metal, la tierra, el agua y las plantas.* Los seis ángeles rodean al dios *Ahura Mazda;* de una parte constituyen la plenitud de su esencia; de la otra, el dios que los abarca en su totalidad es su propia esencia y, por lo tanto, el séptimo, que corresponde a la «plenitud».[4]

Cuentos de hadas

Según el análisis de los cuentos de hadas, el seis sería el hombre físico sin su elemento salvador, que es la parte que le permitirá entrar en contacto con la perfección divina. Por eso es incompleto e imperfecto. En la antigüedad, el SEIS estaba asociado también con Venus Afrodita, la diosa del amor físico: amor imperfecto que no permite la realización plena de los amantes.[5]

El SEIS en las culturas china e hindú

Para los chinos el SEIS es el número del cielo, más que todo en su manifestación y figuración. Se le representa con el hexagrama *(K'ien)* del *Yi'king*, carro tirado por seis dragones, que nos muestran al cielo en acción. Las influencias celestes son seis.

Tanto en la cultura china como en la hindú, el SEIS (2 x 3) se representa con el hexágono estrellado, que es la conjunción de dos triángulos invertidos. En el lenguaje hindú, los dos triángulos enlazados representan la penetración de *yoni* (agua) por el *linga* (fuego), o equilibrio de la fuerza y tendencia expansiva de la naturaleza. Expresa de esta manera la conjunción de dos fuerzas opuestas.[6]

La estrella de seis puntas, Israel y el cristianismo
Esta representación del SEIS en forma de dos triángulos invertidos que forman una estrella de seis puntas, y su significación de dos opuestos que se unen y confunden, pasó a Israel para formar la estrella de David, que fue a su vez el sello de Salomón. El mismo símbolo lo usa el cristianismo, considerando que el triángulo derecho representa la naturaleza divina de Cristo, y el invertido su naturaleza humana, mientras que la estrella completa representa la unión en Jesucristo de ambas naturalezas.[7]

La estrella de seis brazos es también el «macrocosmos», o el hombre universal, mientras que la estrella de cinco brazos es el «microcosmos» u hombre ordinario.

Los chotis y los mayas
Los chotis, descendientes de los mayas, consideran al SEIS como un número femenino, pues lo identifican con las seis revoluciones sinódicas de la luna, mientras que el SIETE es masculino. Así el seis revela los ciclos lunares y el siete los solares. Los ciclos lunares representados por el seis son limitados, ya que cada uno representa apenas un recorrido del astro mientras los ciclos solares son perfectos y plenos.

Para los mayas el día sexto pertenece a los dioses de la lluvia y de la tormenta. Por eso el SEIS es un número nefasto y el día sexto pertenece a la muerte. Los brujos conjuran el maleficio con adivinaciones, que previenen enfermedades. El animal que sirve para estos augurios es el búho, cuya visión se considera como un presagio de muerte.[8]

En cambio, para los indios bambara, el SEIS, como todos los números pares, que expresan germinación y reproducción completa en la creación, es un símbolo de buenos augurios y alegría. Es el signo de los gemelos machos. Esta interpretación «sexual» de los números no es exclusiva de pueblos aborígenes; en las antiguas civilizaciones como la egea, se le daba a los números pares, sobre todo al dos, una representación femenina, en tanto que los impares correspondían al sexo masculino. Según Plutarco, a las niñas se les imponía el nombre el día octavo, y a los niños el día noveno.[9]

SIGNIFICADO BÍBLICO

El hexaemeron bíblico

El SEIS es el número del hexaemeron bíblico: número de la creación; el número que sirvió en el tiempo a Dios para manifestar su poder creador. Según la Biblia, el mundo fue creado en seis días. Para Clemente de Alejandría, padre de la iglesia del siglo segundo d.C., Dios creó al mundo no sólo en seis días, sino en las seis direcciones del espacio: las de los cuatro puntos cardinales, más el cenit y el nadir. La tradición judía acepta esta interpretación, atribuyendo a Dios el desarrollo cósmico no solo en el tiempo, sino en el espacio; y le da a este una duración de seis milenios. El rabino Abu Ya'quib Sejestani hace corresponder a los seis días de la creación, las seis energías del mundo, las seis caras de lo sólido. Para muchos la arquitectura clásica refleja las seis reglas que reflejan la perfección de la creación divina. Los panes de la proposición de los hebreos, colocados en dos filas de a seis, nos muestran las dos leyes «senarias» (del seis), fuentes de todas las cosas intelectuales y temporales.[10]

El SEIS, número imperfecto

Aunque la creación se terminó en el día sexto con la formación del hombre, la semana establecida por Dios solo se completó con el séptimo día, y en este día Dios descansó. El hombre debía hacer lo mismo, dedicándolo al reconocimiento del Creador. Quedó así establecida la importancia del trabajo y del descanso. Realmente una semana de solo seis días es una semana incompleta, imperfecta.

El número SEIS se asocia con frecuencia a cosas imperfectas. Los descendientes de Caín sólo existieron por seis generaciones. La palabra «holocausto» aparece seis veces en Génesis 22, y se reserva la séptima para mencionar al sustituto perfecto, el Cordero de Dios (Génesis 22:8). No es coincidencia que el faraón persiguiera al pueblo de Israel liberado por Moisés con seiscientos carros (Éxodo 14:7), que representan el poder del maligno, enemigo de Dios.[11]

Muchos autores le dan al SEIS esta clase de connotación negativa. Robert D. Johnston escribe en su librito *Los Números en la Biblia*:

> **Seis** *es dos veces* **tres**. *Dos representa la división o la maldad, y* **tres** *la manifestación. Por tanto, el número* **seis** *indica la manifestación del mal. El* **seis** *no llega a alcanzar el número de la perfección, el número* **siete**, *por lo que también denota un estado incompleto, y es a la vez, símbolo del hombre sin Cristo.*[12]

Es posible descubrir esta nota de imperfección o limitación humana en los siguientes ejemplos: Los 666 talentos de oro (veintidós mil kilos) que Salomón recibía anualmente, cuando estaba en el esplendor de su reinado (1 Reyes 10:14).

CAPÍTULO OCHO

La imperfección de su reinado, que se iba a manifestar especialmente a su muerte, cuando su reino se dividió, comenzando la desintegración del mismo, podría estar representada por el trono de marfil recubierto de oro, de solo seis escalones (1 Reyes 10:18-20), con símbolos paganos, como podían ser los doce leones, dos por cada escalón, que lo adornaban, y especialmente la figura del toro, que representaba al dios Baal.

El SEIS y personajes antagónicos de Dios

Por alguna razón encontramos en la Biblia algunos personajes que se caracterizan por su oposición a Dios y tienen alguna relación con el número seis. Goliat, el gigante opositor de David (1 Samuel 17:4-7), tenía una altura de seis codos (casi tres metros) y la punta de su lanza pesaba seiscientos ciclos (casi siete kilos). El rey Nabucodonosor, opresor del pueblo de Dios, se construyó en las llanuras de Dura, provincia de Babilonia, una estatua de oro de sesenta codos de alto por seis de ancho; más o menos veintiséis metros de alto por dos metros y medio de ancho (Daniel 3:1). Un tercer personaje, quizás el más antagónico a los planes y propósitos divinos, es el llamado Anticristo, que es descrito en el libro del Apocalipsis así:

> *Además logró que a todos, grandes y pequeños, ricos y pobres, libres y esclavos, se les pusiera una marca en la mano derecha o en la frente, de modo que nadie pudiera comprar ni vender, a menos que llevara la marca, que es el nombre de la bestia o el número de ese nombre. En esto consiste la sabiduría: el que tenga entendimiento, calcule el número de la bestia, pues es número de un **ser humano: seiscientos sesenta y seis*** (Apocalipsis 13:16-18).

CAPÍTULO OCHO

Esta cifra es la suma de los valores numéricos ligados a las letras de varios personajes nefastos para el cristianismo: *Cesar-Nerón*, en lengua hebrea. En este caso se identifica al Anticristo con un personaje específico que encarnaba maldad, crueldad y odio por la causa de Cristo. Pero igual cuenta se puede sacar del título que algunos emperadores se dieron a sí mismos de *César-Dios* (en lengua griega), creando un culto idolátrico que produjo muchos mártires cristianos que se negaban a reconocer categoría divina al emperador y a rendirle culto como tal. El caso es que el «Anticristo» es un personaje universal que encarna a todo el que se opone a Cristo. Y en la historia del mundo y de la cristiandad, ha habido, hay y habrá multitud de «anticristos», que encarnan el espíritu diabólico de Nerón o de los emperadores-dioses. Estos pueden ser personas o estados; ideologías o movimientos políticos o religiosos. Todos ellos no dejan de ser «humanos», imperfectos y limitados en su poder. Por eso se les caracteriza con el número de la imperfección suprema 666; es decir, tres veces seis, tres veces imperfectos, ya que no alcanzan al número de la perfección, que como vamos a ver, es el SIETE.[13]

Otros SEIS significativos

En el primer milagro de Cristo en Caná de Galilea (Juan 2:6), seis fueron las tinajas de barro o arcilla que utilizó Jesús para manifestar su gloria y su poder. Las tinajas de barro pueden simbolizar la imperfección e inutilidad de la vida del hombre, vacía de Dios que, llena del «agua» de la gracia que nos viene a través de Cristo, adquiere el valor y sabor del «vino» de una nueva existencia transformada, con sabor a Dios.

La agonía de Cristo en la cruz duró desde la hora sexta hasta la hora nona; la tierra se cubrió de tinieblas y la naturaleza se conmovió con el grito de entrega de su espíritu al Padre.[14]

CAPÍTULO OCHO

El SEIS está asociado también a algunos símbolos o emblemas cristianos, como son el CRISMÓN y el LÁBARO. El crismón es un monograma de Cristo compuesto por las letras griegas mayúsculas X *(chi)* y P *(ro)*, enlazadas con la primera y última letra del alfabeto griego *alfa y omega*. Todas están unidas por una barra horizontal y otra vertical, en forma de cruz. La X *(chi)* y la P *(ro)*, son las dos primeras letras del nombre de Cristo en griego. La letra *chi* (X) forma una figura de seis brazos que representan el poder de Cristo sobre el Universo. Las letras *alfa y omega*, primera y última del alfabeto griego, significan el principio y el fin atribuido asimismo a Cristo. El crismón sustituyó a las águilas romanas cuando el imperio se hizo cristiano. Y Constantino creó el lábaro, que entrelazaba el anagrama del nombre de Jesucristo, que sustituyó en los estandartes romanos al dragón y la serpiente.[15]

Conclusión

Agustín de Hipona describe detalladamente las propiedades especiales del SEIS, que es la suma de los tres primeros números (1 + 2 + 3 = 6), lo mismo que el diez es la suma de los cuatro primeros números. Agustín descubre así una relación entre la obra de la creación hecha en seis días y la creación misma significada por el diez. La primera evoca la obra celeste en sí misma, puesto que TRES es el número del cielo; la segunda lleva el CUATRO, que representa a la tierra (Adán o la tierra misma). Pero además, el SEIS es producto de otros números contenidos en sí mismos (1 + 2 + 3): es decir, su mitad y su tercera parte más la unidad. Repetido inversamente, indica una potencia absoluta pero desnaturalizada y dañina: 666, que es el número de la Bestia y del Anticristo.[16]

En todo caso, el SEIS aparece como un número incompleto, asociado a la criatura humana. Dios creó al hombre y a la mujer en el sexto día (Génesis 1:27). Seis días dio Dios

CAPÍTULO OCHO

al hombre para sí mismo, cuando podía trabajar, reservándose el séptimo día para él. Este día pertenece a Dios y hace completa la semana (Éxodo 20:9-10; 23:12; 31:15). Véase además Lucas 13:14. El esclavo debía servir seis años antes de ser liberado al año séptimo, sin pagar ningún rescate (Éxodo 21:2). Definitivamente, el SEIS es un número estrechamente relacionado con el hombre y por lo mismo participa de sus limitaciones e imperfección.

NOTAS

[1] Olivier Beigbeder, *Léxico de los símbolos*. Vol. 15. Madrid: Ediciones Encuentro, 1989. pp.332-34.
[2] Manfred Lurker, *El mensaje de los símbolos*. Mitos, culturas y religiones. Barcelona: Editorial Herder, 1992. p. 144.
[3] Ibid.
[4] Ibid.
[5] Yves Bonnefoy, *Diccionario de las mitologías*. Vol. VII. Barcelona: Destino, 1996. pp. 57, 97.
[6] Jean Chevalier y Alain Gheerbrant, *Diccionario de los símbolos*. Barcelona: Editorial Herder, 1995. p. 920.
[7] Ibid., pp. 922-23.
[8] Ibid., p. 920.
[9] Bonnefoy, *Op. cit.* Vol. VI. pp. 285-287.
[10] Milton S. Terry, *A Treatise on the Interpretation of the Old and New Testament*. Grand Rapids: Zondervan Publishing House. pp. 544-46.
[11] Juan Mateos y Fernando Camacho, *Evangelio, figuras y símbolos*. Córdoba: Ediciones El Almendro, 1989. p. 86.
[12] Robert D. Johnston, *Los números en la Biblia*. Grand Rapids: Editorial Portavoz, 1994. p. 63.
[13] Gerhard Kittel y Gerhard Friedrich, *Compendio del diccionaro teológico del Nuevo Testamento*. Grand Rapids: Libros Desafío, 2002. p. 83.
[14] Johnston, *Op. cit.* p. 64.
[15] Beigbeder, *Op. cit.* pp. 332-34.
[16] Ibid., p. 333.

CAPÍTULO NUEVE

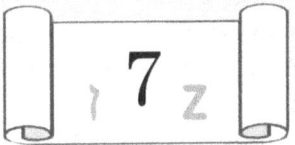

EL SIETE

SIGNIFICADO GENERAL

El SIETE (7) es símbolo de totalidad, de acabamiento y renovación. Se compone del CUATRO (4) que representa al mundo creado, y del TRES (3), la manifestación de Dios y su poder. Por eso es símbolo de perfección dinámica. Es el número más mencionado en la Biblia.

El número universal

Encontramos rastro del número SIETE en casi todas las culturas. Desde los petroglifos (figuras y símbolos rupestres) prehistóricos, en los que aparecen claramente reunidos tres y cuatro puntos, líneas o círculos, que muchos explican como representaciones primitivas de las tres fases de la luna y las cuatro regiones del cielo que, cuando se juntan para formar un septenario, reproducen la totalidad de la imagen del mundo. La figura geométrica del juego llamado «tres en raya» se interpreta en este mismo sentido de imagen del mundo. Estas figuras aparecen ya en la pintura rupestre de Australia y norte de Italia, y vuelven a mostrarse en el arte cristiano medieval. Casi siempre son tres puntos repetidos cuatro veces, que nacen de tres rectángulos dispuestos en forma concéntrica.

El SIETE y sus significados

El significado que se atribuye a los números por encima

CAPÍTULO NUEVE

de su valor matemático no puede explicarse por una sola causa. El SIETE es un buen ejemplo de este fenómeno. Hay, en efecto, muchas formas de llegar a un simbolismo numérico; a veces es por observación empírica, por especulación filosófica o por simple imaginación. Y este ejercicio de observación, especulación o imaginación no se limita a los pueblos y culturas más avanzados; aparece en casi todos los pueblos y culturas, aun en los más atrasados y primitivos. Algunas civilizaciones antiguas avanzadas sacaron sus conclusiones sobre el significado de los números de sus observaciones científicas astronómicas o de sus teorías astrológicas. Otras llegaron a estos simbolismos numéricos por mera intuición u observación, como es el caso de algunos pueblos indígenas. Unos y otros le han dado al SIETE una significación sexual-aritmética, como producto del TRES masculino y el CUATRO femenino. Pero este simbolismo se extiende también a la integración de otros elementos universales, tales como el espíritu y la materia, el día y la noche, el cielo y la tierra que unidos producen una totalidad cerrada en sí misma. Esta integración de elementos, sea de sexos o realidades cósmicas básicas, como el cielo y la tierra, el espíritu y la materia y otras, la representan con la cifra SIETE, que indica «totalidad», «perfección», «integración perfecta y completa», y por contagio o similitud, «santidad», «integridad» y «perfección».

Múltiples formas del SIETE

Este concepto de integración o totalidad lo vemos concretamente en nociones y realidades, como los siete días de la semana, los siete planetas, los siete grados de la perfección, las siete esferas o niveles celestes, los siete pétalos de la rosa, las siete cabezas del naja de *Angkor* y las siete ramas del árbol cósmico de los sacrificios de los chamanes.[1]

En estos y muchos otros ejemplos, el SIETE conlleva la noción de lo completo y perfecto. Algunos septenarios son símbolos de otros: Así, por ejemplo, la rosa de siete pétalos representaría los siete cielos, las siete jerarquías angélicas, ambos conjuntos perfectos. En efecto, el «séptimo cielo» o «cielo de los cielos» es un superlativo para indicar que es el último y más perfecto de los cielos: el «cielísimo». Sea que se hable del cosmos o del orden celestial, el siete designa la totalidad de los órdenes planetarios (todos los astros y estrellas), o la totalidad de las moradas celestiales; la totalidad del orden moral y la totalidad de las energías, principalmente las que tienen que ver con la vida espiritual.

Interpretación sexuada de los números

Esta interpretación que da un sentido sexual a los números, afecta en algunos pueblos al número SIETE, como componente de otros números pares e impares, especialmente el TRES y el CUATRO. En el pensamiento chino los números impares corresponden al principio masculino *(yang)*, que es el principio luminoso y activo; mientras que los números impares corresponden al principio femenino *(yin)* pasivo y oscuro. Algunos pueblos de raza negra, como los bambara, que viven en Sudán occidental, consideran el TRES como un símbolo del sexo masculino, y el CUATRO, del femenino; por lo que el SIETE (formado por los dos) representa a la persona perfecta. Friederich Weinred afirma que la misma clase de simbolismo la encontramos en los números judíos: TRES es masculino y halla su perfección en el nueve (3 x 3); mientras que CUATRO es femenino y encuentra su perfección en el dieciséis (4 x 4). Tres más cuatro (SIETE) hacen el número perfecto, aunque el punto máximo del encuentro del hombre y la mujer se representa con el número 25 (9 + 16).[2]

El SIETE, símbolo de una perfección dinámica

Para los egipcios, el SIETE era símbolo de vida eterna, de un cielo perfecto, de una perfección dinámica. Cada período lunar dura siete días, y los cuatro períodos del cielo lunar (7 x 4 = 28) cierran el ciclo. Filón de Alejandría, matemático y filósofo judío contemporáneo de Jesús, observa que la suma de los *siete* primeros números dan la misma cantidad: 1 + 2 + 3 + 4 + 5 + 6 + 7 = 28. Veintiocho es a su vez, la suma o repetición del siete cuatro veces. Deduce de esto que siete indica un ciclo o serie terminado, a los que pueden seguir otros ciclos o series iguales, que implican una renovación periódica positiva.[3]

El SIETE en las celebraciones religiosas y mitológicas

Las celebraciones apolíneas (del dios Apolo) se celebraban el séptimo día del mes. Asimismo en China el día séptimo se reservaba para las fiestas populares. La historia y la mitología griegas abundan en el número SIETE: las siete Hespérides (ninfas guardianas del jardín de los dioses); las siete puertas de Tebas; los siete hijos y las siete hijas de Níobe (reina legendaria de Tebas); las siete cuerdas de la lira; las siete esferas celestes, etc. Hay siete emblemas de Buda. Siete son las vueltas que los fieles musulmanes deben dar alrededor de la piedra *Ka'ba*, durante su peregrinación a la ciudad santa de La Meca.

Algunos textos musulmanes citan los siete sentidos esotéricos (ocultos) del Corán respecto a los siete centros sutiles del hombre. El yoga conoce también siete centros sutiles: las seis *chakra* más el *sahasrara-padma*. Según Abu Yaqub, «*las formas espirituales han sido manifestadas por las* **siete** *formas supremas, que son las* **siete** *inteligencias, los* **siete** *querubines*».[4]

De acuerdo con Dante Alighieri, autor italiano de la *Divina Comedia*, SIETE es el número de los cielos y el de las esferas planetarias. Los cátaros, secta cristiana que ha aparecido en diversas formas y tiempos en la historia del cristianismo, consideran que estas esferas corresponden a las siete artes liberales. He aquí otros sietes importantes: siete ranuras del árbol axial siberiano, siete colores de la escalera de Buda, los siete metales de la escala de los misterios mítricos (de la diosa Mitra) y los siete peldaños de la escala de los *Kadosh* de la masonería escocesa, equivalentes a los siete estados espirituales progresivos que permiten el paso de la tierra al cielo.

El SIETE, símbolo de la totalidad dinámica.

El SIETE es considerado casi universalmente como símbolo de la totalidad, pero una totalidad en movimiento o de un dinamismo total. Se atribuye a Hipócrates, el más famoso médico griego de la antigüedad (460-377 a.C.), la siguiente sentencia: *«El número siete, por sus virtudes escondidas, mantiene todas las cosas en el ser; dispensa vida y movimiento; influye hasta en los seres celestiales».*[5]

La semana comprende seis días activos más un día de descanso, que representa el centro que concluye un ciclo temporal y da entrada a otro nuevo. El hexagrama tiene seis ángulos, seis lados o seis brazos en forma de estrella; pero hay un séptimo lado que es el central que une a los demás. Estas figuras simbolizan la totalidad dinámica del tiempo y el espacio.

El número CUATRO, que representa la tierra con sus cuatro puntos cardinales, se asocia al TRES que simboliza el cielo, para formar el SIETE que representa la totalidad del universo en movimiento. El septenario resume también la totalidad de la vida moral, sumando a las tres virtudes teologales: fe, esperanza y amor, las cuatro virtudes cardinales de prudencia, templanza, justicia y fortaleza.

Los siete colores del arco iris y las siete notas de la gama diatónica (notas del pentagrama musical) revelan el septenario como un regulador de las vibraciones, que para muchas culturas primitivas constituyen la esencia de la materia.

El SIETE es el número de los cielos búdicos. Avicena, el

CAPÍTULO NUEVE

filósofo árabe medieval, describe los siete arcángeles, príncipes de los siete cielos, que son los siete veladores de Enoc y corresponden a los *Roshi* védicos de la religión budista. Estos residen en las siete estrellas de la Osa Mayor, con las cuales los chinos relacionan a las siete aberturas del cuerpo y las siete aberturas del corazón. La lámpara roja de las sociedades secretas chinas tiene siete brazos, como el candelabro de los hebreos o *Menorah*.

El SIETE y el budismo

Se dice que el Buda naciente había medido el universo dando siete pasos en cada una de las cuatro direcciones. Estos cuatro movimientos constituyen las etapas esenciales de su experiencia liberadora, y corresponden a paradas de siete días, cada una bajo cuatro árboles diferentes.

Los números, según el budismo, alcanzan su perfección en el SIETE. En esta religión se practica la adivinación por las varillas, que son 49 (7 x 7). Se consideran siete categorías de indicios o pistas. Cuarenta y nueve es también el número del *Bardo*, que es el estado intermedio que sigue a la muerte. Para los tibetanos este estado dura 49 días divididos en período de siete días. Los budistas japoneses creen que las almas permanecen por 49 días sobre los tejados de las casas.[6]

El SIETE en el islamismo

El SIETE es el número de la armonía y el ritmo. Lo sólido posee siete lados: las seis caras más su totalidad, que corresponde al sabbat. Todo lo que hay en el mundo es siete, porque cada cosa posee una «ipseidad» (identidad en sí misma) más seis lados. Los dones de la inteligencia son siete: seis más el *ghaybat*, que es el conocimiento suprasensible. Los *imam* de un período son siete: seis más el *Qu'im*, que es el *imam* de la resurrección. La religión literal o fundamental se desarrolla sobre un ciclo de seis días, que son

CAPÍTULO NUEVE

seis milenios, seguidos de un séptimo, el sabbat de la religión de verdad, el día del sol y la luz, el de la manifestación del *imam*. El *imam* es el dirigente supremo de la comunidad, el que preside la oración y es guía y modelo de la sociedad musulmana. Su puesto combina una mezcla de poder religioso, político y espiritual.

También para los musulmanes el SIETE es un número positivo, símbolo de la perfección: siete cielos, siete tierras, siete mares, siete puertas y hasta siete divisiones del infierno. El libro del Corán se inicia con los siete versículos que constituyen la famosa *Fatiha*, o sura fundamental de la confesión de fe musulmana. Se habla también de las siete letras del alfabeto árabe, que no se utilizan porque se cayeron bajo la mesa, y las siete palabras que componen la *Shahada*, o profesión de fe musulmana. Los peregrinos a La Meca, además de las siete vueltas que deben dar a la piedra *Ka'aba*, deben hacer siete recorridos entre los montes Cafa y Marnia.

Los místicos musulmanes le dan al Corán siete sentidos. El *Sufismo Iranio* habla de siete órganos o envolturas del cuerpo, dándole a cada una el nombre de un profeta: El órgano corporal sutil es como el *Adán* del ser; el alma corresponde a *Noé*; el tercer órgano es el corazón, que corresponde a *Abraham;* el cuarto órgano, que es el órgano central *(sirr=el secreto)*, o umbral de la subconciencia, equivale al *Moisés del ser;* el quinto órgano sutil es el *Espíritu= rûh)*, que es el *David* del ser; el sexto es el *Jesús* del ser; y el séptimo es el *Mohammed* del ser. Estos estados evolutivos fisiológicos-místicos se asocian con colores: negro para Adán; azul para Noé; rojo para Abraham; blanco para Moisés; amarillo para David; negro luminoso para Jesús; y verde para Mohammed.

La mística musulmana señala así mismo siete diferentes etapas en la vida mística, que *Attar* presenta simbólicamente en su famoso poema «El lenguaje de los pájaros»: El primer

CAPÍTULO NUEVE

grado es el de la búsqueda (*talab*); el segundo es el del amor (*eshq*); el tercero es el del conocimiento (*ma'rifat*); el cuarto es el de la independencia (*istigná*); el quinto es la unidad (*tawhíd*); el sexto, el asombro (*hayrat*); y el séptimo, la desnudez (*faqr*), que termina en la muerte mística (*faná*).

En el sura 17 del Corán encontramos el pasaje de los siete durmientes, compañeros de la Caverna. Sus nombres se usan para encantamientos, a los cuales se añade el del perro que los guardó por 300 años.

Para la madre de siete hijas se abren siete puertas en el paraíso. Y a la mujer encinta amenazada por un peligro se le leen siete versículos de un sura o pasaje del Corán. En Irán, al momento del parto se prepara una mesa con una lámpara encendida sobre un mantel cubierto de siete clases de frutas y siete especias aromáticas. Al niño se le pone nombre siete días después de su nacimiento. Las mujeres que se van a casar, van la víspera de su matrimonio al río, donde llenan y vacían siete veces su cántaro, arrojando al agua siete puñados de grano. El siete es símbolo mágico de fecundidad.

En Marruecos las mujeres estériles enrollan su cinto siete veces en el tronco de ciertos árboles. En Siria las mujeres solteras espantan las malas influencias que les impiden casarse, bañándose en el mar y dejando que siete olas les pasen por encima de la cabeza. Si se quiere que un niño se críe como un hombre valeroso, se le coloca al frente un sable desnudo a los siete días de nacido. El adorno completo de las mujeres está compuesto por siete elementos; y se asegura el perdón de un difunto trazando siete líneas sobre su tumba. Se piensa que el alma de los muertos vaga por siete días alrededor de su tumba.[7]

El SIETE, número benéfico y maléfico

El uso del número SIETE entre los musulmanes es abundantísimo. (La mayoría de las veces con propósitos benéficos; pero algunas veces maléficos.) Por eso se le identifica como «un número difícil». La obra *Las Siete Princesas* del conocido autor Nizami, combina el simbolismo y la astrología al describir siete palacios de colores diferentes, según los siete planetas que representan cada uno. En cada palacio vive una princesa para sumar siete, cada una de las cuales viene de los siete climas o regiones diferentes del mundo.

El SIETE y la cultura hindú

La tradición hindú atribuye al Sol siete rayos: seis corresponden a las direcciones del espacio y el séptimo, al centro. De modo semejante, el arco iris no tiene siete colores, sino seis: el séptimo es el blanco, síntesis de los otros seis. De la misma forma, las siete caras del monte sagrado *Meru*, vueltas hacia cada uno de los siete continentes *(dvipa)*, corresponden a las siete direcciones del espacio hindú (seis más el centro). Un padre de la iglesia, Clemente de Alejandría, parece hacerse eco de esta doctrina, aplicándola a la centralidad del Ser Supremo, cuando afirma: *«De Dios, corazón del universo, emanan las seis extensiones y las seis fases del tiempo: en esto está el secreto del número siete; el retorno al centro, al principio. Al acabarse el desarrollo senario (6), se completa el septenario» (7).*[8]

El número SIETE entre algunos aborígenes de América

Entre los indios de las praderas del Norte, el SIETE representa las coordenadas cósmicas del hombre, como producto de los cuatro puntos cardinales, en el centro de los cuales se coloca el «aquí» (el hombre); limitado por el «arriba» y el «abajo», lo que da siete.

Los *zunis* hablan de la «ciudad santa de Zuni», que es el centro del mundo y está dividida en siete partes, correspondientes a los siete barrios del mundo. Esta ciudad se formó

CAPÍTULO NUEVE

de las siete aldeas antiguas que constituyeron el mundo. Hay en ellas siete clanes sociales. Los colores cósmicos son asimismo siete.

El Gran-Dios de los maya-quichés se hace «*Dios-Trece*», unido a las doce estrellas, dioses de la lluvia; y se convierte en «*Dios-siete*», cuando se une a los seis soles cósmicos, que constituyen todos los dioses agrarios. El «*Dios-siete*» se representa con la constelación Osa Mayor, conocida también como «*las siete cabritas*».

Los *mames*, descendientes de los mayas, representan a su dios agrario por las seis piedras del fogón: tres piedras grandes y tres pequeñas, más la olla o marmita que va sobre ellas. Este hogar proporciona el fuego y el calor en todas sus formas y usos, como un fuego divino: como rayo, que baja del cielo; como el fuego del inframundo, que calienta la madre tierra por dentro; y fuego del hogar que sostiene la vida de los hombres.

El *Popol Vuh*, libro sagrado de los mayas, afirma que el dios agrario es «*Dios-Siete*», porque el número SIETE está ligado al fenómeno astronómico del paso del Sol por el cenit, que es lo que determina la estación de las lluvias. Como arquetipo del «hombre perfecto» el «*Dios-Siete*» impone su realidad numérica a la familia humana. A la unidad de los padres se deben añadir seis hijos. Por otra parte, para los mayas la semana era de trece días; el séptimo día, situado en medio de la semana, estaba bajo el signo del dios Jaguar, que representa las fuerzas internas de la tierra. Este día es de alegría y celebración.

Existe la *Diosa-Siete*, representada por siete serpientes de las cuales toma su nombre. Se le conoce también como «siete espigas», situada en medio de los números del uno al trece, y simboliza el corazón del hombre y el del maíz. Todo día que tiene el número SIETE es favorable.[9]

Los *incas* tenían su panteón en Caricancha del Cuzco. En uno de sus muros estaba dibujado el árbol cósmico: un

CAPÍTULO NUEVE

árbol con siete ojos que representaban todas las cosas. La constelación de las Pléyades era considerada como los ojos de la divinidad suprema de Urano (*Viracocha*). El profeta Zacarías menciona los «*siete ojos del Señor, que recorren toda la tierra*» (Zacarías 4:10).

El SIETE entre otras tribus aborígenes

Los dogones de África consideran el SIETE como el número de la perfección y de la unidad. Es la suma del CUATRO femenino y el TRES masculino, que da la perfección humana. Por la misma razón el SIETE representa la unión de los contrarios y del dualismo, lo que lleva a la perfección y la unicidad. Por representar la unión de los sexos, es símbolo de la fecundidad. SIETE es la insignia del dios de las lluvias y de la palabra fecunda y del dios de la tormenta.

Para los bambara, el SIETE, suma de cuatro hembras y tres machos, es el número perfecto. El dios *Faro*, dios del agua y del verbo, habita en el último cielo, y provee la lluvia vital. El Sol se esconde en este último cielo cuando llega la noche. Hay siete niveles en la tierra, como los hay en el cielo. Hay siete clases de aguas en la tierra y siete metales. El siete es el número del hombre y del principio del universo.

El SIETE, suma del TRES y el CUATRO, representa al hombre completo, con sus dos principios espirituales de sexo distinto. El SIETE es también símbolo del cosmos completo o creación terminada, y del progreso y crecimiento de la naturaleza. Es también expresión de la palabra perfecta, y por lo mismo, de la unidad original.[10]

El SIETE y la literatura-ficción

Desde tiempos inmemoriales se ha usado el SIETE en las leyendas y cuentos, como por ejemplo, en el clásico de *Blancanieves y los siete enanitos*, que de alguna manera parecen representar los siete estados de conciencia del

CAPÍTULO NUEVE

hombre, como otras figuras legendarias representan los siete estados de la materia, las siete etapas de la evolución, etc. Estos son los siete grados o estados de conciencia:
1. conciencia del cuerpo físico: deseos apaciguados en forma elemental o brutal.
2. conciencia de la emoción: las pulsaciones o «fuerzas contrastantes entre lo orgánico y lo psíquico»
3. conciencia de la inteligencia: con la que el sujeto clasifica, ordena y razona.
4. conciencia de la intuición: que percibe las realidades inconscientes.
5. conciencia de la espiritualidad: desprendimiento de la vida material.
6. conciencia de la voluntad: que impulsa a obrar, a pasar del conocimiento a la acción.
7. conciencia de la vida: que dirige todas las fuerzas y facultades en la búsqueda de la vida completa, eterna y feliz.[11]

Conclusión

El SIETE ocupa un lugar prominente en la semiótica universal, o ciencia de los signos y símbolos. En Oriente y en Occidente es símbolo de lo completo y perfecto. Está, además, unido a lo espiritual y celeste a través de su componente TRES; y a lo terreno y material a través del CUATRO. Es como unir el Dios Trino con el mundo contenido por sus cuatro puntos cardinales. Representa también la unión del *tiempo*, con sus tres componentes: pasado, presente y futuro, con el *espacio*, encerrado dentro de los cuatro puntos del universo.

CAPÍTULO NUEVE

SIGNIFICADO BÍBLICO

El número SIETE y las Escrituras

El número SIETE tiene un lugar prominente entre los números en las Sagradas Escrituras. Está unido consistentemente a las nociones de perfección, cumplimiento y plenitud. SIETE es el número del acabamiento cíclico y de su renovación. Dios creó el mundo en seis días y descasó el *séptimo*, declarándolo *santo*. El sabbat no es un simple reposo exterior a la labor creadora, sino su culminación, perfección y coronación. El tiempo completo en el que Dios hizo su obra fue una semana (7 días), incluyendo el día séptimo, todo lo cual equivale a la duración de un cuarto lunar. El sabbat, día santo, día del Señor, día del descanso, es parte integrante de este tiempo completo de la creación (Éxodo 20:10).[12]

Como hemos dicho, el SIETE es uno de los números más empleados en la Biblia. Tenemos, por ejemplo, el candelabro de siete brazos, siete espíritus que reposan sobre la vara de Jesé; siete cielos donde habitan las huestes celestiales; Salomón construye el templo en siete años (1 Reyes 6:38). Además del séptimo día de la semana, tenemos el año sabático, o séptimo año de reposo. Cada siete años los esclavos o servidores debían ser liberados, y a los deudores se les perdonaba la deuda. El número siete aparece 77 veces en el Antiguo Testamento.

La magia del número SIETE

Tanto en la Biblia como fuera de la Biblia, según ya lo hemos visto, el número SIETE posee un poder o magia especial. De ahí su uso en epopeyas, pasajes especiales o actos milagrosos del pueblo de Dios como la toma de Jericó, donde siete sacerdotes, en el séptimo día, debían dar siete vueltas a la ciudad, sonando al unísono sus siete trompetas (Josué 6:4). Eliseo resucitó al hijo de la sunamita tendiéndose sobre él siete veces hasta que el niño estornudó y volvió a la vida (2 Reyes 4:35). Naamán, por orden del profeta Eliseo, debe sumergirse siete veces en el río Jordán para ser curado (2 Reyes 5:14). La prueba del justo es que sabe levantarse siete veces de sus caídas:

> *No aceches cual malvado la casa del justo,*
> *no arrases el lugar donde habita;*
> *porque **siete** veces podrá caer el justo,*
> *pero otras tantas se levantará;*
> *los malvados, en cambio,*
> *se hundirán en la desgracia* (Proverbios 24:15-16).

De hecho, lo que se quiere decir es que el justo se levanta *siempre, todas las veces*, de sus caídas.

En el arca de Noé entraron siete machos y siete hembras de todos los animales puros; y solo un macho y una hembra de los impuros (Génesis 7:2). El sueño del faraón interpretado por José fue sobre «siete vacas hermosas y gordas y siete vacas feas y flacas...» (Génesis 41: 2-3).

El siete se asocia con la curación de enfermedades, como ocurre en Levítico 14:7-8, donde se manda rociar siete veces al leproso, y se le ordena quedarse fuera de la carpa siete días. También se relaciona el número SIETE con fiestas y celebraciones. En Números 23:29, Balaam pide a Balac, rey de los moabitas, que construya siete altares, y prepare siete novillos y siete carneros para el sacrificio de maldición de Israel.[13]

El SIETE, símbolo de la totalidad

Como lo hemos visto, el SIETE es casi universalmente el

símbolo de la totalidad, pero de una totalidad en movimiento o de un dinamismo total. Vemos el mismo significado en las Escrituras. El mejor ejemplo es el libro del Apocalipsis, donde el SIETE adquiere dimensiones dinámicas especiales. Los capítulos dos y tres transcriben las siete cartas para las siete iglesias del Asia, que representan a la iglesia universal en su totalidad. Pero el Apocalipsis nos habla además de siete estrellas, siete espíritus de Dios, siete sellos, siete trompetas, siete cabezas, siete plagas, siete copas y siete reyes, conceptos que aclararemos posteriormente.

El *Talmud*, libro que copila las enseñanzas rabínicas, nos dice que para los hebreos el número SIETE era símbolo de la totalidad humana; o sea, macho y hembra a la vez: el número cuatro representa al macho, y el tres, a la hembra. Juntos suman el siete. Adán, al iniciar su vida, durante el primer día, en la hora cuarta de su existencia, para ser más exactos, recibe el alma; y en la hora séptima recibe a su compañera, que lo complementa; y así la humanidad queda completa: hombre y mujer, los que reciben la orden de «crecer y multiplicarse» (Génesis 1:22).[14]

El número de la perfección

Al concepto de la totalidad se añade el de la perfección. Entre los sumerios, siete y sus múltiplos eran un número sagrado. Representan la perfección del cosmos con sus siete planetas; pero también la divinidad en toda su plenitud, o «*el pleroma*», como lo llaman los gnósticos.[15] La semana es la unidad de tiempo perfecta querida por Dios, pues fue la que empleó en la creación del mundo (Génesis 1:2ss). Algunas fiestas judías como la Pascua, de los panes sin levadura, duran siete días, ya que celebra la liberación de Egipto, que se considera como una nueva creación salvadora (Éxodo 12:15). La nueva Pascua o Pascua cristiana es la inaugurada por Cristo con el sacramento de la Eucaristía o Cena del Señor, que conmemora la realización plena de la redención

CAPÍTULO NUEVE

del ser humano a través del sacrificio de Cristo en la cruz. Este sacrificio fue completo y final, según el testimonio del mismo Jesús agonizante, quien desde el madero se despidió afirmando: «Todo se ha cumplido» (véase Juan 19:28 y 30). El conocimiento perfecto que Dios tiene de todas las cosas se simboliza hablando de «los siete ojos de Yahvé» (Zacarías 3:9). En Apocalipsis 13:1-10 se describe la bestia de diez cuernos y siete cabezas, que muchos han interpretado como el imperio romano o el mismo emperador que pretendía ser dios. Otros lo identifican con el anticristo. El número siete de sus cabezas podría significar eso: «un dios pretendido», o un dios imperfecto dividido por sus siete cabezas. Pero el vidente de Patmos reserva casi siempre a las potencias malignas la mitad de siete: tres y medio (véase Apocalipsis 12:6), manifestando con ello su imperfección y su poder limitado, y el fracaso de su empresa que ya está medida en su duración de solo 1260 días o tres años y medio (o tres tiempos y medio, como se registra en Apocalipsis 12:14). Y si el siete es el número de la perfección, el de la bestia y el anticristo es el 666, es decir el de la imperfección y poder limitados; tres veces imperfectos y limitados.[16]

Dentro de este marco, comprendemos el uso del siete en el evangelio de Juan y en el libro del Apocalipsis. Las siete semanas, los siete milagros y las siete veces que Juan identifica a Jesús como el «YO SOY», equivalente al «*Yahvé*» (literalmente: el «*YO SOY*») del Antiguo Testamento, que identifica a Dios por su nombre (véase Éxodo 3: 14). En el libro del Apocalipsis tenemos cuarenta septenarios: siete sellos, siete trompetas, siete copas, siete visiones, etc. Todo el libro está compuesto sobre series de siete. En todo esto se percibe el mensaje de la plenitud de un tiempo o período de tiempo concluido. Como en los siete días en los que la creación se completó, el Apocalipsis anuncia el final de los tiempos y nos muestra cuáles son las señales de esta culminación. Después de esta se inaugurará una nueva era en la que los

CAPÍTULO NUEVE

redimidos disfrutarán de la plenitud de las gracias divinas en un cielo nuevo y una tierra renovada.

Dentro de esta significación de perfección o realidad completa, podemos incluir los siguientes ejemplos: Siete mujeres para un solo hombre (Isaías 4:1); una nuera completamente atendida y protegida, y preferida a siete hermanos (Rut 4:15); un caso utópico de levirato completo, con siete hermanos (Mateo 22:25). La búsqueda persistente de la lluvia siete veces al día por parte del profeta Elías, cuya fe es completa y no flaquea (1 Reyes 18:43). La alabanza completa siete veces al día en el Salmo 119:164.

La plenitud y la restauración en contacto con Dios

El simbolismo del número SIETE alcanza con frecuencia significados profundos de sabor místico. El séptimo día, cuando Dios descansó tras la labor «agotadora» de la creación, se percibe como un día de restauración de las fuerzas divinas, y de descanso para contemplar la obra maravillosa del poder divino y el fruto del mismo en su creación consumada y completa. Pero Dios no quiere descansar solo, e invita al hombre a participar de su descanso con el mismo propósito. El séptimo día da al hombre la oportunidad de relacionarse más de cerca con el Creador, y llega a ser clave en el pacto o Ley que rige las relaciones entre Dios y el hombre.

El SIETE simboliza, pues, el acabamiento del mundo y la plenitud de los tiempos. Agustín de Hipona afirma que el siete mide el tiempo de la historia, el tiempo del peregrinar terreno del hombre, con el tiempo de Dios:

> *Si Dios toma un día para descansar, es —dice Agustín— porque quiere distinguirse de la creación; ser independiente de ella y permitirse descansar en él. Por otra parte, el hombre mismo, por la cifra **siete** que indica descanso,*

CAPÍTULO NUEVE

es invitado a volverse hacia Dios para descansar solamente en él» (De Génesis ad litt. 4:16).

Debemos también a Agustín una interpretación del pasaje evangélico de la pesca milagrosa después de la resurrección (Juan 21: 1-14), que para él es símbolo de la plenitud de los tiempos y del fin del mundo. En este milagro Cristo está acompañado de siete discípulos, un grupo completo representativo de su cuerpo apostólico; y con ellos, desde el lago con nombre pagano de Tiberíades (renombrado así por los romanos en honor de su emperador Tiberio), lanza a sus discípulos a la conquista del mundo, inaugurando la etapa definitiva de su reino en la tierra, después de la cual vendrá el fin. Con este pasaje, Juan culmina y da cumplimiento al ministerio de Jesús en la tierra.

El SEIS y el SIETE

El SEIS designa solo una parte; por eso lo hemos identificado como número «incompleto». La creación, que se realizó en seis días, está incompleta sin el séptimo día del descanso. El descanso significa todo; el siete significa el todo, la perfección, la obra acabada. Vivimos en un tiempo incompleto y sufrimos en nuestra limitación presente, cuando conocemos todo solo en parte. Llegará el momento del encuentro con Dios, cuando llegaremos a la plenitud del conocimiento. «El siete coronará al seis», dice Agustín en su libro *La Ciudad de Dios*, 11:31.

Ya hemos mencionado cómo el número del anticristo, 666, puede indicar un poder que, aunque grande, es limitado. No llega a siete, que es el número perfecto y completo de la realidad y poder de Dios. El poder del maligno está limitado por el poder de Dios, y es tres veces imperfecto y limitado: tres veces 6.

CAPÍTULO NUEVE

El número sagrado de la alianza
Siendo el SIETE la suma del TRES y CUATRO, simboliza la unión mística de Dios con el universo. Por eso puede llamarse con propiedad el número del pacto o de la alianza de Dios con su creación y de Dios con su pueblo. La semana de siete días es el marco de tiempo para la acción de Dios en su creación, y servirá para medir de allí en adelante el tiempo. (Véanse Génesis 2:2-3; Éxodo 20:8-11.)

Por todo lo anterior, el SIETE se convirtió en un número ritual en las Escrituras. La idea de la relación y obligaciones surgidas del pacto y alianza con Dios, parece estar asociada con el número «sagrado». El pacto con Abraham pide dejar pasar siete días después del nacimiento para hacer la circuncisión a los hijos de Israel (Génesis 17:12; Levítico 12: 2-3). Dios confirmó su Palabra a Josué y a Israel después de siete días. Siete sacerdotes con siete trompetas rodearon a Jericó (Josué 6:13-15). Las fiestas del pan sin levadura y la de los Tabernáculos duraban siete días (Éxodo 12:15-19; Números 29:12). El día del Arrepentimiento y la remisión de pecados ocurría en el séptimo mes (Levítico 16:29). Siete veces debía rociarse la sangre del toro (Levítico 4:6) y las ofrendas quemadas del cordero (Números 28:11). Los leprosos debían rociarse siete veces para ser puros (Levítico 14:7); por eso Natán debió ir siete veces al Jordán (2 Reyes 5:10). Y en el altar el candelabro tenía siete brazos (Éxodo 25:32).

Volviendo a las fiestas y celebraciones, la fiesta de Pentecostés se celebra siete semanas después de la Pascua (Levítico 23:24); y el año del jubileo se anuncia de la manera siguiente en Levítico 25:8: «*Siete veces contarás siete años sabáticos, de modo que los siete años sabáticos sumen cuarenta y nueve años, y el día diez del mes séptimo, es decir, el día del Perdón, harás resonar la trompeta por todo el país*».

CAPÍTULO NUEVE

El sacrificio expiatorio por el pecado del sacerdote incluye la ceremonia de mojar el dedo en la sangre de la víctima y rociar con ella siete veces en dirección a la cortina del santuario, en presencia del Señor (Levítico 4:6).

El contacto con un cadáver requiere una purificación de siete días (Números 19:11); lo mismo ocurre con las impurezas sexuales (Levítico 15: 13,24).[15]

Siete bendiciones y siete promesas

En Génesis 12:2-3 encontramos las siete bendiciones de Dios para su pueblo, a través del patriarca Abraham:

1. *«Haré de ti una nación grande,*
2. *y te bendeciré.*
3. *Haré famoso tu nombre,*
4. *y serás una bendición.*
5. *Bendeciré a los que te bendigan;*
6. *y maldeciré a los que te maldigan;*
7. *¡Por medio de ti serán bendecidas todas las naciones de la tierra!»*

En Éxodo 6:6-8 tenemos siete promesas garantizadas por el mismo Yahvé, quien, para dar seguridad a las mismas, se identifica como el «*YO SOY*», el que va a:

1. *quitarles de encima la opresión de los egipcios;*
2. *los librará de su esclavitud;*
3. *los liberará con gran despliegue de poder con grandes actos de justicia;*
4. *hará de ellos su pueblo*
5. *y será él su Dios;*
6. *y los llevará a la tierra que bajo juramento prometió dar a Abraham, Isaac y Jacob;*
7. *y les dará posesión de la misma*

CAPÍTULO NUEVE

El SIETE en el Nuevo Testamento

Ya hemos visto en varios pasajes citados cómo el simbolismo y significado del número SIETE recorren toda la geografía bíblica, pasando del Antiguo al Nuevo Testamento. Veamos otros ejemplos que nos confirman que los autores del Nuevo Testamento eran semitas y seguían utilizando los parámetros lingüísticos y semánticos de esa cultura. El colmo del poder del maligno, y la posesión plena del mismo de una persona está representada en Mateo 12:45 por los siete espíritus que toman posesión del que ha sido liberado una vez de uno de ellos, para regresar y encontrar «*la casa de donde salió desocupada, barrida y arreglada*» (v. 44). Por el contrario, la liberación total de la posesión diabólica se expresa en el pasaje de la resurrección cuando se presenta a Magdalena como la mujer «*de la que Jesús había expulsado siete demonios*» (Marcos 16:9). La medida perfecta y completa del perdón la establece el Maestro en Mateo 18:22, cuando a la pregunta de Pedro de cuántas veces debe perdonar, si «hasta siete veces», responde: «*No te digo hasta siete veces, sino hasta setenta veces siete*», que significa «todas las veces».

El SIETE representa siempre un grupo completo, por ejemplo, los siete discípulos a los que el Resucitado se apareció en el lago de Tiberíades, y les ayudó a pescar ciento cincuenta y tres pescados de buen tamaño, después de una noche sin éxito. Juan se toma el trabajo de dar el nombre de cinco de ellos y agrega «y otros dos discípulos», ciertamente con la intención de completar los siete (véase Juan 21:1-14). Con el mismo sentido de grupo completo se eligieron «siete hombres de buena reputación, llenos del Espíritu y de sabiduría», para que fueran los primeros diáconos de la iglesia (véase Hechos 6:3ss). Siete panes fueron suficientes para que Cristo alimentara a una multitud de miles, y siete el número de canastas recogidas con los sobrados (Marcos 8:1-9). Este número es paradigmático y simboliza la superabundancia de la gracia y el poder divinos. Dios y Cristo satisfacen por completo nuestras necesidades, si confiamos en ellos. Dios no solo da, satisface plenamente, sino que quita de delante de su pueblo todos los obstáculos que se puedan presentar en su camino, si estos, ya sean personas, naciones o acontecimientos, se oponen a su voluntad. A esto se refiere Pablo en su discurso en Antioquía de Pisidia, cuando afirma que Dios «dio a su pueblo la tierra prometida por herencia, luego de destruir siete naciones en Canaán» (Hechos 13: 13-19).[19]

Conclusión

El número SIETE (*hepta*, en griego), reconocido como la cifra bíblica por excelencia, lo usa especialmente Juan en Apocalipsis cincuenta y tres veces, mientras que en todo el Nuevo Testamento se usa ochenta y siete veces. La mayoría de los expertos coinciden en que el siete representa la perfección o plenitud. En la mayoría de los casos la cifra SIETE es una cifra de buen augurio que indica excelencia, por ser la suma de TRES, asociado con Dios y el CUATRO, asociado con el Universo. El hecho concreto es que los autores bíblicos utilizan el siete para crear listas de cosas o personajes positivos; o de cosas negativas para expresar el colmo del mal o la desgracia.

Estos matices los vemos especialmente en el libro del Apocalipsis. Un ejemplo elocuente es el de las siete iglesias a quien Juan dirige sus cartas. De seguro estaban en su mente y propósito no solo siete iglesias en particular, sino la Iglesia Universal. Toda la iglesia es interpelada. Y si habla de «siete espíritus», mejor podría interpretarse como «el único espíritu septiforme», que se manifiesta en la plenitud de su poder a través de sus diversos dones y virtudes. También, en el caso negativo, siete sellos, siete trompetas y siete copas representan la plenitud de las desgracias que se ciernen sobre el mundo. Es así como la culminación del castigo se

CAPÍTULO NUEVE

representa con los «*siete* ángeles con las *siete* plagas, que son las últimas, pues con ellas se consumará la ira de Dios» (Apocalipsis 15: 1).

NOTAS

[1] Manfred Lurker, *El mensaje de los símbolos*. Barcelona: Editorial Herder, 1992. p. 140.
[2] Ibid. p. 145.
[3] Jean Chevalier y Alain Gheerbrant, *Diccionario de los símbolos*. Barcelona: Editorial Herder, 1995. p. 942.
[4] Ibid. p. 945.
[5] Ibid. p. 946.
[6] Chevalier, *Op. cit.* p. *943*.
[7] Ibid. p. 944.
[8] Lurker, *Op. cit.* p. 141.
[9] *Popol Vuh. Las antiguas historias del Quiché*. Adrián Recinos, Tr. Bogotá: Fondo de Cultura Económica, 1952.
[10] Yves Bonnefoy, *Diccionario de mitología*. Barcelona: Destino. p. 232.
[11] Chevalier, *Op. cit.* p. 144.
[12] Milton S. Terry, *A Treatise on the Interpretation of the Old and New Testament*. Grand Rapids:, Zondervan Publishing House. p. 382.
[13] Robert D. Johnston, *Los números en la Biblia*. Grand Rapids: Editorial Portavoz, 1994. p. 68.
[14] Juan Mateos y Fernando Camacho, *Evangelio, figuras y símbolos*. Córdoba: Ediciones El Almendro, 1989. pp. 87-88.
[15] Bonnefoy, *Op. cit.* pp.106-109
[16] Jean-Pierre Prévost, *Para leer el Apocalipsis*. Estella, Navarra, Editorial Verbo Divino, 1994. pp. 40-41.
[17] José M. Martínez, *Hermenéutica bíblica*. Terrasa, Barcelona: Libros CLIE, 1984. p. 187.
[18] Lothar Coenen et al, *Diccionario teológico del Nuevo Testamento*. Vol. II. Salamanca: Ediciones Sígueme, 1999. pp. 185-86.
[19] Gerhard Kittel y Gerhard Friedrich, *Compendio del diccionaro teológico del Nuevo Testamento*. Grand Rapids: Libros Desafío, 2002. p. 247.

CAPÍTULO DIEZ

EL OCHO

SIGNIFICADO GENERAL

El OCHO (8), al doblar el CUATRO (4) se convierte en el número del equilibrio cósmico. Al sumar el UNO (1), que significa «inicio», al SIETE (7), que significa perfección, simboliza un nuevo comienzo, un nuevo orden. Por eso se asocia a la resurrección de Cristo.

El OCHO, número cósmico

El OCHO, como duplicación del CUATRO, es el número del cosmos, el número del equilibrio cósmico. En él se contienen las cuatro direcciones cardinales, a las que se añaden las direcciones intermedias. La cruz de las líneas coordenadas, que coinciden con los cuatro extremos del cielo, se amplía con las ocho direcciones de la rosa de los vientos. En la ciudad de Atenas la torre de los vientos tiene forma octogonal. Las ruedas por lo general tienen ocho radios: desde la rueda céltica, hasta la búdica (Rueda del Dhamma). Todas estas figuras presentan al OCHO como el número del equilibrio central, que se da en la realidad cósmica y en la relación de los humanos; por eso es el número del equilibrio legal o el equilibrio de la justicia. Los pitagóricos y gnósticos lo representan así en su «ocótada» u «ogdóada»: grupo de ocho dioses o potencias.

CAPÍTULO DIEZ

El OCHO en las culturas y religiones antiguas

Para la religión de los babilonios, el alma debe recorrer las siete esferas de los planetas antes de llegar al cielo octavo, que es el lugar supremo de descanso y perfección. Para los egipcios, la «ogdóada», compuesta por los ocho dioses originarios, encarna las fuerzas primordiales ya existentes antes de la constitución del cosmos. La religión y cultura budistas, además del loto de ocho pétalos, tiene la «rueda de la doctrina» *(dharmacakra)*, con sus ocho radios, que representan los ocho senderos de la vía de la redención. Solo los que los recorren se liberan del ciclo de las reencarnaciones y renacimientos.[1]

La antigua cosmogonía china habla de los ocho pilares del cielo, que representan las regiones del mundo inferior. Tiene, además, los trigramas del *Yi-king* y los pilares del *Ming-t'ang*; el de los ocho ángeles portadores del trono celestial y los ocho espejos de *Amaterasy*. Tanto los pilares del *Ming-t'ang* como los ángeles del trono y la parte octogonal del *linga*, están relacionados con el número OCHO y tienen valor de mediación entre el cuadrado y el círculo, entre la tierra y el cielo, y por tanto, se refieren al mundo intermedio.

Los templos hindúes ostentan los ocho guardianes divinos del mundo *(lokapalas)*, en forma de esculturas o relieves. El número OCHO es muy usado en la escultura y la iconografía hindúes: Visnú, la divinidad conservadora del mundo, tiene ocho brazos que corresponden a los ocho guardianes del espacio. Los *Grahas* o planetas, dispuestos alrededor del Sol, son ocho. Las formas *(murti)* de Śiva, tercer miembro de la gran Trinidad hindú y dios de la destrucción, son ocho, representados en dos templos del grupo *Angkor* por ocho *lingas o falos* alrededor de un *linga o falo* central. En el *Bayon* de *Angkor-Thom*, el Buda se sitúa en el centro de un templo en forma de loto cuyos ocho pétalos son las ocho capillas radiantes. Esta disposición con-

CAPÍTULO DIEZ

firma que Buda posee las funciones que corresponden tanto al dios Śiva como las del rey *Chakravartí*, el que hace girar la rueda en el centro del universo.[2]

El OCHO en el Japón antiguo y moderno

El *hachi*= OCHO tiene un simbolismo rico y múltiple en la cultura, religión y tradición japonesas. Al Japón se le conoce desde tiempo inmemorial como «el país de las ocho grandes islas», aunque la verdad es que el Japón tiene muchas más islas. El OCHO ocupa un papel importante en los antiguos textos religiosos de la religión sintoísta, con el mismo sentido de una cantidad alta y variada, hasta el punto que el OCHO ha llegado a considerarse como una cifra sagrada. Pero aunque el OCHO encierre el sentido de los «innumerables», no significa nunca los «indefinidos».

En el Japón moderno hay indicios de que la tradición del OCHO como número especial, sigue latente. En 1932 se edificó en Yokohama un centro nacional de educación espiritual. Su planta es octogonal y en su interior se admiran las estatuas de ocho sabios famosos del mundo: Sakyamuni, Confucio, Sócrates, Jesús, el príncipe Shotoku (sabio japonés del siglo VII), Kobo Daishi, otro prominente sabio japonés del siglo IX, y los sacerdotes Shimran y Nichiren, del siglo XIII. La elección de los ocho sabios reconocidos en el mundo dio origen a la forma octogonal del centro. Pero la representación del ocho es aun más trascendente: significa la sabiduría universal e infinita, que debe estar en el centro de todo esfuerzo espiritual, ya sea en la educación, en la religión o en la vida.[3]

El OCHO en la cultura del pueblo dogón de Malí

El pueblo dogón de Malí es un ejemplo de la sacralización de un número, en este caso el OCHO. Para el pensamiento de los dogones, todo lo puro, justo y santo viene por partida doble; los principios vienen en pares, como los

CAPÍTULO DIEZ

sexos; aunque se contradigan o contrasten, introducen un equilibrio dinámico en la vida y en la conducta del ser humano. Todo hombre o mujer, así como todo animal, nace con dos almas: una de sexo masculino y otra de sexo femenino. La única excepción es el dios del desorden y el mal tenebroso, que solo tiene un alma maléfica, que por ser única, es desequilibrada y sin contrastes. El número clave de la creación es, entonces, no el CUATRO sino el OCHO, o dos cuatros: el cuatro doble. Hay por eso ocho héroes creadores y ocho familias humanas, que nacieron de los ocho ancestros primordiales: cuatro predominantemente machos, y cuatro predominantemente hembras, aunque todos los ocho son bisexuales. El séptimo es el dios de la palabra, pero el octavo es la palabra misma. El símbolo del verbo es entonces el número OCHO, que simboliza además el agua, el esperma y todas las fuerzas que contribuyen a la fecundación. El verbo y el esperma se enrollan ocho veces alrededor de la matriz y la fecundan. Ocurre lo mismo con una espiral de cobre rojo, que es un sustituto para el agua, que se enrolla ocho veces alrededor de la jarra solar para producir la luz que ilumina al mundo. El OCHO es, además, clave para la existencia humana: las ocho articulaciones del esqueleto humano mantienen la vida humana; todas estas articulaciones provienen del semen masculino.

El hombre, que es imagen del macrocosmos, está orientado y condicionado por el número OCHO, en su existencia, desde la forma como llega a este mundo, a través de la fecundación, hasta la estructura de su realidad corpórea. OCHO son las semillas de las plantas primordiales que el hombre cultiva y que debe sembrar en los ocho campos o terrenos cardenales de la aldea.

El Genio o Ancestro, representado por el antepasado más viejo, se constituye en el principio de regeneración que se identifica con el número OCHO. El sacrificio y desaparición de este Genio o Ancestro constituye la última etapa del proceso regenerativo de la humanidad, al establecerse en la tierra. Esta regeneración es periódica al repetirse el proceso. El sacrificio del Genio o Ancestro provoca el riego de las lluvias benéficas de la fecundación y purificación de la tierra, lista para la siembra y la cosecha.[4]

El OCHO entre los quechuas y bambara

Para los quechuas andinos existen ocho ancestros primordiales en la formación de la dinastía inca: cuatro machos y cuatro hembras, y los ocho, hermanos entre sí.

Para los bambara, el OCHO, formado por 4 + 4, es el número de los gemelos. Es así mismo el número representativo de la palabra; por eso es un número mágico y se convierte en peligroso cuando usamos demasiado lo que significa: la palabra. Según los bambara y los dogones, debemos ser cautos en hablar demasiado o usar la palabra en exceso, especialmente en nuestras relaciones con las mujeres.

El OCHO en el arte y cultura cristianos

Indiferentemente de su significado bíblico, o a veces dependiendo del mismo, el OCHO fue utilizado por artistas y arquitectos cristianos para simbolizar la regeneración, el bautismo o la resurrección. Por eso los bautisterios (lugares donde se administra el bautismo) en muchas iglesias es de forma octogonal. Dígase lo mismo de algunos panteones o cementerios. Este mismo simbolismo de regeneración, resurrección o vida futura, lo vemos representado en las Bienaventuranzas, que son ocho, o en los ocho tonos sacros de la música gregoriana, música celestial o espiritual por excelencia.

La iconografía y arquitectura románticas utilizaron el OCHO tanto como el SIETE. Un ejemplo que se repite con mucha frecuencia en edificios consagrados al servicio divino es la flor de ocho pétalos como elemento ornamental, presente en frisos, columnas, fachadas o capiteles. La arquitectura religiosa utiliza el OCHO en sus torres y cruceros de las iglesias, que son de forma octogonal. La estrella de ocho puntas adorna innumerables edificios religiosos. Y los altares tienen con frecuencia forma octogonal, como símbolo del sepulcro de Cristo. Este simbolismo que habla de la muerte y la nueva vida, pasa a las capillas donde se veneran las reliquias de los santos, construidas también en forma octogonal. Por último, podemos ver el simbolismo del número OCHO en la tradición y cultura artísticas, en las cruces compuestas en forma de rosa, o *cruces rosáceas*, que se llaman también «*cruces del juicio*», que están formadas por dos cruces entrelazadas: la cruz griega y la cruz común invertida, lo que nos da una cruz de ocho brazos o pétalos.⁵

SIGNIFICADO BÍBLICO

El número OCHO en la Biblia

La importancia del número OCHO en la tradición y cultura cristianas, que someramente hemos visto, viene de tiempo atrás y se remonta al uso de este número en la Biblia y a su significado en las culturas orientales en general y a la cultura semita en particular. Como sabemos, el pueblo de Dios, productor de la Biblia, perteneció a estas culturas.

Dando un vistazo panorámico a la Biblia, vemos algunos datos interesantes en cuanto al uso de este número: OCHO fueron las personas que se salvaron del diluvio, en el arca de Noé (Génesis 6:18). La circuncisión, que hacía que el recién nacido miembro del pueblo de Dios, quedara incluido en su pacto de gracia y salvación, se debía dar a los ocho días del nacimiento (Génesis 17:9-14). Los padres de Jesús, como buenos judíos, cumplieron con este rito (Lucas 2:21). Ocho son las bienaventuranzas prometidas por Jesús a sus seguidores (Mateo 5: 3-10). La consagración de los sacerdotes duraba siete días, y al octavo comenzaban sus funciones como miembros de la casta sacerdotal (Levítico 8:33). Algunos ritos de purificación terminaban al octavo día con la presentación de las ofrendas de sacrificio a Dios a través del sacerdote (Levítico 14:8 ss). La transfiguración de Cristo en el monte Tabor ocurrió ocho días después del trascendental reconocimiento por parte de su grupo, representado por Pedro, como el Mesías, Hijo de Dios vivo. Es en esta ocasión cuando Cristo abre a sus discípulos la realidad del ministerio que les espera, que será glorioso, pero no fácil por cierto (véase Lucas 10: 18-36).[6]

El OCHO, día de la resurrección y transformación

El OCHO tiene especial significación como día siguiente al sabbat (sábado). Es el día que anuncia la era futura, después de los seis días de la creación, más el día de descanso (sabbat). Por eso muchos interpretan que si el SIETE es el número del Antiguo Testamento, el OCHO es el del Nuevo, porque fue en el octavo día cuando Cristo resucitó. Jesús resucitó al octavo día, según el patrón de la semana judía: es a la vez el octavo día de la semana anterior y el primero de la nueva. Inaugura la primera semana del cristianismo, del Nuevo Testamento, de la nueva época de gracia y salvación.

Muchos comentaristas bíblicos han visto en el número OCHO, ligado a la resurrección de Cristo, un símbolo de regeneración y nueva vida; y más determinadamente, un símbolo del bautismo. El padre de la iglesia del siglo II, Clemente de Alejandría, afirma a este respecto: «*Quien ha dejado atrás los siete días o períodos de su vida, sin Cristo, llega finalmente al día **octavo** que dura para siempre y* *descansará en el monte santo de Dios»* (Libro de las *Stromata* o *Tapices* 5:12,81).

El sabio Solón de Grecia afirmaba que a las siete edades humanas sigue una octava que era perfecta e imperecedera. Este simbolismo de resurrección y nueva vida es el que ya hemos visto en la configuración de capillas y bautisterios de la edad media y de las pilas bautismales de todas las épocas, en forma octogonal.

Según Agustín de Hipona:

*Toda acción en esta vida se relaciona con la cifra **cuatro** (4), o también con el alma cuyo número es ternario. Más allá del séptimo día, viene el **octavo**, que señala la vida de los justos y la condenación de los impíos.*(Véase Augus-tin Luneau en *L'historie du salut chez les Péres de l'Eglise*, París, 1964, p. 338-39).

El hecho concreto es que la cifra OCHO está estrechamente ligada al concepto de trasformación, resurrección y transfiguración. Y esto no solo en la tradición cristiana y bíblica. Para los gnósticos el OCHO tiene este mismo significado, simbolizando a la vez la resurrección de Cristo y la promesa de la resurrección de los seres humanos, transfigurados por la gracia. Entre muchos otros hechos testimoniados en este sentido en el Nuevo Testamento, podríamos mencionar el de la regeneración de Tomás, el discípulo escéptico e incrédulo de Jesús. Ocho días tuvo que esperar Tomás después de la primera aparición de Cristo a los otros diez discípulos, para ser conmovido en su incredulidad y ser trasformado en un nuevo discípulo, con una fe renovada y firme (Juan 20: 24-31).[7]

CAPÍTULO DIEZ

Conclusión

El historiador Gunter Bandmann señala que:

> *Dondequiera que se persigue perfección y se alienta una exigencia universal, aparece el número **ocho**, empezando por los antiguos mausoleos de los soberanos, con **ocho** nichos, que sitúan al muerto en una reproducción del cosmos; y pasando por las torres de **ocho** pisos, la cúpula de **ocho** secciones y las coronas de **ocho** puntas hasta llegar al lugar octavo, el octógono regular, como figura geométrica más importante para la planta de pilastras, torres y construcciones bautismales, románicas, góticas y románticas, y muchos elementos más artísticos, religiosos, arquitectónicos y decorativos que de alguna manera han querido encarnar el significado trascendental de este número.*[8]

Esto en cuanto al significado del número OCHO en general. Hablando de su significado bíblico y cristiano podemos bien concluir con Robert D. Johnston en su librito *Los Números en la Biblia*:

> *El número **ocho** se forma sumando **siete** más **uno**. Como hemos visto, el **siete** indica perfección, y el **uno** inicio. Así, pues, el **ocho** simboliza un nuevo comienzo. Se relaciona con la resurrección y la regeneración, principio de un nuevo orden en lo establecido.*[9]

CAPÍTULO DIEZ

NOTAS

[1] Yves Bonnefoy, *Diccionario de las mitologías*. Vol. I. Barcelona: Ediciones Destino, 1997. pp. 105-26.
[2] Jean Chevalier y Alain Gheerbrant. *Diccionario de los símbolos*. Barcelona: Editorial Herder, 1995. p. 768.
[3] Ibid. p. 769.
[4] Manfred Lurker, *El mensaje de los símbolos*. Mitos, culturas y religiones. Barcelona: Editorial Herder, 1992. pp. 142-43.
[5] Olivier Beigbeder, *Léxico de los símbolos*. Vol. 15. Madrid: Ediciones Encuentro, 1989. pp. 355-57.
[6] *The New International Dictionary of New Testament Theology*. Vol. II. Colin Brown, General Editor. Grand Rapids: Zondervan Publishing House, 1971. p. 692.
[7] Robert D. Johnston, *Los números en la Biblia*. Grand Rapids: Editorial Portavoz, 1994. p. 72.
[8] Citado por Beigbeder, *Op. cit.* p. 336.
[9] Johnston, *Op. cit.* p. 71.

CAPÍTULO ONCE

EL NUEVE

SIGNIFICADO GENERAL

*El NUEVE es el último de los números simples;
marca el fin, el número final, del juicio.
Pero aunque expresa el fin de un ciclo,
abre nuevas etapas y trasmutaciones.*

Número de escasa importancia

En medio del rico y abundante uso simbólico de los números en la Biblia, el número NUEVE tiene en realidad escaso valor cuantitativo. Pasa lo mismo en la cultura sumeria y en las antiguas tradiciones mesopotámicas, donde prácticamente no se toma en cuenta. Si se quiere buscar una razón, podría argüirse que las culturas van construyendo sus sistemas de valores y la representación de los mismos en una forma por demás misteriosa y arbitraria. Es difícil, por lo mismo, llegar a conclusiones universales y globales en un mundo donde toda cultura está expuesta, en diversas etapas de su existencia, a una variedad de influencias de pensamientos y prácticas que cada cultura va asimilando a su manera. Surgen de esta manera realidades y fenómenos, juicios y valoraciones que tienen mucho que ver con la forma como la gente vive en determinado tiempo y en determinado lugar. Definitivamente, el estilo de vida afecta los valores, y la valorización simbólica de los números tiene que ver con la forma como la gente vive y con el significado que cada cosa tiene para ellos.

El NUEVE, importante en las culturas nómadas
Siguiendo el pensamiento del párrafo anterior, puede demostrarse, por ejemplo, que el número CUATRO y sus múltiplos (ocho, dieciséis) son importantes en las culturas matriarcales, mientras que el NUEVE es importante entre los pueblos nómadas y pastoriles. El DOCE es más usado en culturas superiores, aunque no en todas. Veamos este fenómeno comprobado en algunos casos concretos.

El NUEVE entre tibetanos, mongoles y chinos
Las creencias de estos tres pueblos dan un papel destacado al número NUEVE. El árbol de los chamanes o árbol universal, tiene nueve escalones o peldaños, así como el cielo tiene nueve estratos o niveles. Por eso las pagodas chinas tienen nueve pisos. Este concepto es muy extendido en otras culturas vecinas o culturalmente afines a la cultura china. Al igual que la china, estas culturas enseñan la *triangulación* del universo, que equivale a pensar que el mundo está representado por un triángulo o cifra ternaria que se repite tres veces en las tres realidades que lo componen: el cielo, la tierra y el infierno. Estas, sumadas, dan NUEVE en su totalidad.[1]

El NUEVE, número de las realidades supraterrenas
El NUEVE es el número de las esferas celestes y de los círculos infernales correspondientes. Esta es la razón de representaciones religiosas, como los nueve nudos de bambú taoísta, las nueve muescas del árbol axial siberiano, que a veces se convierten en solo siete. Explica también el porqué de las nueve gradas o grados del trono imperial chino, y las nueve puertas que hay que pasar para llegar al mismo. Este microcosmos terrenal es imagen del mundo celestial. A los

CAPÍTULO ONCE

nueve cielos se oponen nueve fuentes donde moran los muertos. Los budistas creen en nueve cielos. El cielo, según las enseñanzas de Huai-nam tse, tiene nueve alturas y 9.999 esquinas. Por eso el número NUEVE es fundamental en las ceremonias taoístas del tiempo de los Han. El NUEVE es el número de la plenitud; es el número del *yang* [2]

El *yin* y el *yang* y el taoísmo popular

Yin y *yang* son los términos, en la religión *tao*, que designan dos principios opuestos, pero complementarios. El *yin* representa lo masculino, la luz, la firmeza, la actividad, etc. El *yang* representa lo femenino, la oscuridad, la blandura, la pasividad, etc. Estos dos principios son universales; se aplican a todo lo real, y por lo tanto, también a la Naturaleza, cuyos fenómenos se explican por la interacción del *yin* y el *yang*. En esta ecuación, el NUEVE es el número del *yang*. El *yin* crea, pero el *yang* detiene y fija. El taoísmo popular, que alcanzó amplia difusión en China, creía en el tao como el ser más excelso y la fuente de todo ser. Sus seguidores intentaron servirse del tao en la magia y en todas las variedades de ocultismo. Cuando se había alcanzado la posesión del tao, era preciso mantenerlo, conservando la vida; y para eso se recurría a técnicas respiratorias, gimnasia, dietas, etc. La alquimia intentaba destilar la esencia del tao de los minerales que la contenían. Como los alquimistas europeos medievales, los taoístas intentaron hacer oro a partir del mercurio. Pero en China el motivo de estos intentos no era el ansia de oro sino el conseguir el elíxir de la vida, que asegurara la inmortalidad. Relacionados con este proceso de inmortalidad están los *NUEVE calderos de Yu*, donde se producía el cinabrio (producto alquímico compuesto de mercurio y azufre), que pretendía ser elíxir de la vida y que era potable solo a la novena transmutación.

El NUEVE es también la medida del espacio chino, número de los cuadrados de *lo-chu*, número de las regiones de donde los nueve pastores trajeron el metal para la fundición de los nueve calderos. China constaba de dieciocho provincias, es decir, dos veces nueve, y ocupaba 1/81 de la superficie del mundo. Ochenta y uno (81) o setenta y dos (72), múltiplos de nueve, expresan la totalidad de una cofradía o asociación. No es casualidad que el libro sagrado, el *Tao-te King*, cuente con ochenta y un (9 x 9) capítulos.[3]

El NUEVE en las culturas india y persa
En las enseñanzas de la más antigua secta filosófica de la India, la *Vaiseshika*, se encuentran nueve principios universales. La iniciación órfica, relativas al dios Orfeo, enseña tres ternas de principios: el primero comprende la Noche, el Cielo y el Tiempo; el segundo, el Éter, la Luz y los Astros; el tercero, el Sol, la Luna y la Naturaleza. Estos principios constituyen los nueve aspectos simbólicos del universo. «*El número* ***nueve*** —dice Parménides— *corresponde a las cosas absolutas.*»

Las nueve musas representan, en las ciencias y las artes, la suma de los conocimientos humanos. Litúrgicamente, la novena representa la terminación, el tiempo completo. Esta existía en el culto *mazdeo* y se le encuentra en el *Zend Advesta*, (conjunto de escritos sagrados persas atribuidos a Zoroastro), donde numerosos ritos de purificación se realizan con una triple repetición ternaria (3 x 3, o tres veces tres fórmulas). Así, por ejemplo, las vestimentas de los muertos se deben lavar nueve veces: tres veces con orina, tres con tierra y tres con agua. Este rito de repetición triple de una fórmula o acción ternaria lo han heredado numerosos ritos de magia y brujería. Hasta en la religión católico-romana se practican las llamadas «novenas» o ritos y plegarias que duran nueve días: la novena del Niño-Dios, la de las ánimas del Purgatorio, que se recitan por nueve días consecutivos después del entierro del difunto. Y así cada santo tiene su novena que precede a la celebración de su día, de acuerdo con el Santoral.[4]

El NUEVE, número universal

El TRES, que es el número novador o creador de novedades, da origen, al multiplicarse por sí mismo, al NUEVE, que viene a ser por lo mismo el número universal. El NUEVE, repetido hasta lo infinito o muchas veces, llegó a representar una especie de supernúmero, como entre los iranios, cuyos cuentos e historias hablan de los 999,999 «*fravachis*» que conservaban la simiente de Zoroastro, gran profeta persa de la religión zoroastrista, que enfatizaba la trascendencia de Dios, los dos principios del bien y del mal, y la implantación de la justicia. De la simiente conservada de Zoroastro debían nacer todos los profetas.[5]

El NUEVE y el eterno devenir de los seres

Ouroboros era, en la religión persa, la serpiente que se mordía la cola, imagen del devenir de los seres y del retorno eterno de la multiplicidad a la unidad primordial y final. Este concepto del eterno retorno se relaciona con la reproducción del número NUEVE en muchos alfabetos: el tibetano, persa, hierático, armenio, egipcio, etc. Este concepto está emparentado con el *Hak* de los sufíes, que es la suprema etapa de la vida y camino hacia la beatitud o *fena*. El *fena* es la completa aniquilación de la individualidad que se pierde en la totalidad; es la fusión de nuestra personalidad individual en el «amor universal». Este concepto redentor de inmersión en la totalidad del amor, perdiendo la personalidad individual, lo representa la tradición india con el número NUEVE, porque equivale a las nueve encarnaciones sucesivas de Visnú, que se sacrifica nueve veces para la salvación de los hombres. Podemos vislumbrar un concepto parecido en los Evangelios cuando hablan de Cristo crucificado en la tercera hora, agonizante por TRES horas hasta la hora sexta, para expirar en la hora nona. (Véanse Marcos 15:25; Juan 19:14.)[6]

El NUEVE, número de la germinación

Para Claude de Saint-Martin, el NUEVE simboliza al mismo tiempo destrucción de un cuerpo y renacer o nueva vida, como ocurre en toda reproducción. Por eso los francmasones consideran al NUEVE el número de la inmortalidad. En la simbología masónica el nueve representa una germinación hacia abajo, es decir, material; mientras que el SEIS representa una germinación hacia arriba, es decir, espiritual. Pero los dos números combinados forman el principio de una espiral que se puede prolongar hasta lo infinito. El número NUEVE representa en el orden humano, el plazo (nueve meses) de la germinación del feto; el cual ya está terminado y viable en el séptimo mes. En la creación ocurre otro tanto: en el sexto día se concluye la creación con la aparición del hombre. TRES, SEIS y NUEVE están estrechamente relacionados. El nueve es tres a la segunda potencia. Los números siete y nueve son los factores del sesenta y tres, edad climatérica del hombre y duración promedio de la vida humana.[7]

El NUEVE entre los egipcios

Los egipcios llamaban al número NUEVE «la montaña del sol», como resultado de la evolución de los TRES mundos: el divino, el natural y el intelectual. Estos tres mundos, que evolucionan para ser nueve, tienen su correspondiente en la triple divinidad *Osiris-Isis-Horus*, que a su vez representan la esencia, la sustancia y la vida.

El NUEVE en la cultura griega

Homero le da en sus obras un valor ritual al número NUEVE. Deméter, diosa que personifica la tierra, recorre el mundo durante nueve días en busca de su hija Perséfone.

CAPÍTULO ONCE

Leto, madre de los dioses Artemisa y Apolo, sufre durante nueve días y nueve noches los dolores del parto. Las nueve musas nacieron del dios Zeus en nueve noches de amor. El nueve parece ser la medida de las gestaciones, como ocurre en el embarazo humano; pero es, además, la medida de las búsquedas que dan fruto. El NUEVE simboliza el coronamiento de los esfuerzos creativos.[8]

El gran poeta griego del siglo VI a. C., Hesíodo, menciona frecuentemente en su obra *Teogonía*, el número NUEVE, como constitutivo del mundo. Nueve días y nueve noches son la medida del tiempo que separa el cielo de la tierra y la tierra del infierno:

> *Un yunque de bronce* —dice— *cae del cielo durante **nueve** días y **nueve** noches antes de alcanzar la tierra, al décimo día. Así mismo un yunque de bronce cae de la tierra durante **nueve** días y **nueve** noches antes de alcanzar el Tártaro (infierno), al décimo día* (Hest, V 720-725).

El castigo de los dioses perjuros consiste en permanecer nueve años completos lejos del Olimpo, morada de los dioses donde se asienta el consejo de las divinidades y celebran los banquetes de la felicidad.[9]

El NUEVE y los ángeles

Según Dionisio el Areopagita, obispo de Atenas, convertido por Pablo en el siglo I d.C., hay nueve jerarquías o «coros angelicales» que se dividen en tríadas: caracterizadas cada tríada por alguna cualidad específica: la perfección de la perfección, el orden en el orden, la unidad en la unidad.

El NUEVE y el islam

El esoterismo y fetichismo islámicos le dan valor especial al número NUEVE. Por ejemplo, descender nueve escalones sin caerse significa haber dominado los nueve sentidos. El NUEVE corresponde a las nueve aberturas del ser humano, y por eso simboliza las nueve vías de comunicación del hombre con el mundo. Según el gran filósofo islámico Avicena, «*todo número, sea cual fuere, no es sino el número **nueve** o su múltiplo más un excedente, pues lo signos de los números no tienen más que **nueve** caracteres y valores con el cero.*» [10]

El NUEVE entre los aztecas y otras culturas indígenas

El rey texcoco Nezahualcóyotl construyó un templo de nueve plantas como los nueve cielos o las nueve etapas que debe recorrer el alma para alcanzar el reposo eterno. El templo estaba dedicado al «*dios desconocido*», creador de todo; el dios cercano por el que conservamos la vida. Este concepto del NUEVE como símbolo de los nueve cielos sobre los que gravita el Sol, se extendió a toda la mitología de los pueblos de América Central. Además, el NUEVE representa a la diosa Luna en las grabaciones y pinturas de la cultura maya que se han descubierto en rocas y otros materiales. *Bolon Tiku*, literalmente «*diosa NUEVE*», es la diosa de la luna llena.

Para los aztecas, NUEVE es específicamente la cifra de las cosas terrenas y nocturnas: el infierno tiene nueve plantas y el panteón azteca cuenta con nueve dioses nocturnos, gobernados por el dios de los infiernos, a quien corresponde el puesto quinto en la lista, es decir, en el medio de los otros ocho dioses.

Es común encontrar nueve mundos subterráneos en las culturas indígenas, como ocurre, por ejemplo, con la maya, en la que el número nueve se considera como una cifra de felicidad y buen augurio, muy importante en la magia y la medicina. La divinidad del noveno día es la serpiente, que dirige también el treceavo día. Sin embargo, para los aztecas el nueve es un número temible, porque está también ligado a las divinidades de la noche, del infierno y de la muerte.[11]

El NUEVE entre los mongoles

El NUEVE ocupa lugar prominente en la mitología y los ritos chamánicos de los pueblos turco-mongoles. El cielo se divide en nueve capas a las cuales se asocian los cinco hijos o servidores de Dios, correspondientes a las nueve estrellas divinas que los mongoles adoran. Los habitantes de las riberas del Volga, llamados chivaches del Volga, clasifican a sus dioses en grupos de a nueve; y sus sacrificios incluyen nueve sacrificadores, nueve víctimas, nueve copas, etc. Los cheremises paganos ofrecen también nueve copas de hidromiel con nueve panes a su dios del cielo. Otro tanto hacen los yakutos. Los sabeos sirios organizaban a sus sacerdotes siguiendo los nueve círculos celestes.[12]

Conclusión

Es fácil concluir que el NUEVE aparece como el número completo del análisis total. Es el símbolo de la multiplicidad que retorna a la unidad, y por extensión, es el número de la solidaridad y la redención cósmica. Los egipcios llaman al nueve *«la montaña del sol»*, que está hecha de los tres mundos: el divino, el natural y el intelectual, equivalente a la trinidad *Osiris-Isis-Horus*, que representa la esencia y sustancia de la vida. Para los platónicos de Alejandría, la trinidad divina primordial se subdivide en TRES, formando los NUEVE principios.

Por ser el NUEVE el último de la serie de las cifras, anuncia a la vez un fin y un nuevo comienzo, es decir, una transposición a un nuevo plano. Se puede descubrir aquí la idea del nuevo nacimiento y germinación al mismo tiempo que la muerte, idea que es común, como lo hemos visto, a varias culturas. El NUEVE, como último número del universo manifiesto, abre la fase de las transmutaciones. Expresa el fin de un ciclo, el término de una carrera, el cierre del anillo.

SIGNIFICADO BÍBLICO

El último número y el número final

El NUEVE es el último número simple (dígito); por eso se considera como el número final, el del juicio, el que marca el fin. Al repetir tres veces el número divino, el tres puede indicar la consumación de las realidades y la acción divina. Levítico 25:22 nos trascribe el mandato de Dios con relación a usar frutos añejos no más de nueve años: «*Cuando ustedes siembren durante el octavo año, todavía estarán comiendo de la cosecha anterior, y continuarán comiendo de ella hasta la cosecha del año siguiente*».

El NUEVE se incluye en el número de víctimas para el sacrificio: «*El quinto día prepararás **nueve** novillos, dos carneros y catorce corderos de un año y sin defecto*» (Números 29:26).

Este significado de juicio definitivo y final puede estar implicado en la profecía de Hageo, en la que anuncia la maldición o juicio divino sobre nueve aspectos y realidades importantes de la vida y sustento del pueblo: «*Yo hice venir una sequía sobre (1) los campos y (2) las montañas, sobre (3) el trigo y (4) el vino nuevo, sobre (5) el aceite fresco y (6) el fruto de la tierra, sobre (7) los animales y (8) los hombres, y sobre (9) toda la obra de sus manos*» (Hageo 1:11).

Nueve fueron los que sufrieron la pena afrentosa final y definitiva del apedreamiento: el blasfemo (Levítico 24:16);

un violador en el sabbat (Números 15:36); Acán, bisnieto de Zera, por su desobediencia al mandato de Dios, guardando para sí parte del botín del enemigo (Josué 7:25); Abimelec, a quien una mujer mató de una pedrada en la cabeza (Jueces 9:53); Adonirán, a quien el rey Roboán envió a supervisar el trabajo forzado de los israelitas y estos lo mataron a pedradas (1 Reyes 12:18); Nabot, a quien el rey Acab mandó apedrear porque no le dio su viñedo (1 Reyes 21:10); Zacarías apedreado y muerto (2 Crónicas 24:21-22); Esteban, apedreado por los fanáticos judíos (Hechos 7:59) y Pablo, apedreado en Listra (Hechos 14:19).[13]

El NUEVE, número trinitario y celestial

El número NUEVE, por contener tres veces el TRES, número de Dios, es el número de la Trinidad. También se atribuye a los coros angélicos. La arquitectura de los templos cristianos recogieron algo de esta significación, y los representaron en los llamados «altares de la Presentación», que tienen nueve puntos para significar el carácter celeste de la ofrenda que Cristo hace de su cuerpo glorioso, triunfador de la muerte. De esta manera, Cristo infunde en nosotros la esperanza de la salvación, cuando Satanás nos ofrece solo muerte y ruina final. El NUEVE no es más que la finalización de una etapa en el orden natural y terrenal, para entrar con el número DIEZ a una nueva dimensión, un nuevo comienzo, que para el creyente es la eternidad.

El NUEVE en el Nuevo Testamento

El número NUEVE está asociado positiva y negativamente a Cristo y a su obra. Su muerte ocurrió precisamente a la hora nona (cerca de las tres de la tarde), cuando lanzó su famoso grito de despedida de este mundo: *«Padre, en tus manos encomiendo mi espíritu».* (Véanse Marcos 15:33-34; Lucas 23:44-46.) Nueve fueron los leprosos ingratos que no volvieron a dar gracias a quien los había sanado (Lucas 17:17).

CAPÍTULO ONCE

La hora nona (TRES de la tarde) se consideraba «*la hora de la oración*». Fue precisamente a esta hora cuando Pedro y Juan subieron al templo a orar y se encontraron junto a la puerta llamada Hermosa a un hombre lisiado de nacimiento a quien Pedro curó con las bellas palabras: «*No tengo plata ni oro, pero lo que tengo te doy. En el nombre de Jesucristo de Nazaret, ¡levántate y anda!*» (Hechos 3:6).

También a esta misma hora de la oración Cornelio tuvo la visión de un hombre vestido de ropa brillante que le ordenó mandar a buscar a Pedro a Jope (véase Hechos 10:30-34).

Por último, NUEVE son los dones del Espíritu, según 1 Corintios 12:8-10; y NUEVE los frutos del mismo, según Gálatas 5:22-23. Si fuéramos a intentar alguna interpretación del número de los dones y frutos, sería que son NUEVE, porque nos preparan en la tierra para la vida superior en el Espíritu que debemos disfrutar en el cielo. Esto tiene que ver con lo que muchos comentaristas afirman del número NUEVE, y que estampamos en la conclusión.[14]

Conclusión

Por ser el NUEVE el último de la serie de números primarios, encarna un fin y a la vez un nuevo comienzo. Da fin a un orden y abre las puertas para ingresar a un nuevo orden: el orden superior de los números compuestos comenzando con el DIEZ. El diez nos coloca ya en un nuevo plano. Muchos ven, pues, aquí, la idea del nuevo nacimiento después de la muerte o conclusión de una vida inferior. Ciertamente esta idea la hemos descubierto en muchas culturas. El NUEVE, como última cifra del universo manifiesto y primario, abre la fase de las trasmutaciones definitivas. Expresa el fin de un ciclo, el término de una existencia y carrera, el cierre de un anillo. En el arte de iglesias y edificios religiosos se representa este concepto, al combinar figuras astrales en grupos de nueve, antes de llegar a la repre-

CAPÍTULO ONCE

sentación del cielo, lugar de los elegidos, representado con el número DIEZ. Esta figura a veces se observa en las columnas decoradas con nueve cintas o estrías que van enrollándose hacia lo alto de las mismas, donde aparece un nudo de todas formando una gran esfera decorativa de vistosos colores, que evidentemente representa el cielo. No es ni más ni menos que la representación del ser regenerado en su ascenso al cielo. Podríamos decir que los nueve dones y frutos del Espíritu son como los lazos de oro o cintas de seda que nos van conduciendo de los planos inferiores de la virtud a la esfera superior de la gracia, dejándonos muy cerca al cielo, donde todo es puro y santo.

NOTAS

[1] Jean Chevalier y Alain Gheerbrant. *Diccionario de los símbolos*. Barcelona: Editorial Herder, 1995. p. 760.
[2] Ibid. p. 761.
[3] Manfred Lurker, *El mensaje de los símbolos*. Mitos, culturas y religiones. Barcelona: Editorial Herder, 1992. p. 142.
[4] Yves Bonnefoy, *Diccionario de las mitologías*. Vol. I. Barcelona: Ediciones Destino, 1997. pp. 337-78.
[5] Ibid., pp. 321-326.
[6] Chevalier, *Op. cit.* p. 161.
[7] Ibid., pp. 321-26.
[8] Bonnefoy, *Op. cit.* Vol. II. pp. 223-75.
[9] Ibid., p. 162.
[10] Ibid. *Op. cit.* p. 345.
[11] Chevalier, *Op. cit.* p. 761.
[12] Lurker, *Op. cit.* p. 147.
[13] Robert D. Johnston, *Los números en la Biblia*. Grand Rapids: Editorial Portavoz, 1994. p. 73
[14] Ibid. p. 74.

CAPÍTULO DOCE

EL DIEZ

SIGNIFICADO GENERAL

El DIEZ (10) es el número del Decálogo, la Ley perfecta. Tiene el sentido de la totalidad y el retorno a la unidad, símbolo sagrado de la creación universal e imagen de la totalidad en movimiento.

El DIEZ, número de la plenitud

Con el DIEZ la numeración primaria y básica tiene su fin y llega a su plenitud; y con el mismo se da comienzo a la numeración compuesta. De ahí su significado de número redondo, que representa la totalidad y el término de algo.

En el lenguaje de los matemáticos y filósofos griegos se le identificaba como la tetraktys pitagórica, es decir, la suma de los cuatro primeros números; 1 + 2 + 3 + 4. Tiene el sentido del regreso a la unidad después de haber recorrido el ciclo de los nueve primeros números: es, pues, el número del sentido total, del retorno y del acabamiento o totalidad. La década o decena era para los pitagóricos el más sagrado de los números, sobre el cual prestaban juramento con el nombre de *Tetraktys*, y en la que se encuentran la fuente y raíz de la eterna naturaleza. Y si todo deriva de ella, todo vuelve a ella; es , pues, también una imagen de la totalidad en movimiento.[1]

CAPÍTULO DOCE

La Tetraktys

La tetraktys se representa en la forma de un triángulo de diez puntos colocados en una pirámide de cuatro pisos; en el vértice, un solo punto simboliza el UNO o lo divino, principio de todo, el ser aún no manifestado. Debajo de este punto aparecen DOS puntos que simbolizan el desdoblamiento del UNO o primera aparición del ser oculto no manifestado; esta manifestación se da en forma de parejas: lo masculino y lo femenino; Adán y Eva, el falo y el huevo; la luz y las tinieblas; el cielo y la tierra; el y*in* y el *yang*, etc... En una palabra, se desata el dualismo interno de cada ser.

Los tres puntos del ángulo de la tetraktys corresponden a los tres niveles del mundo: infernal, terrenal y celestial; y a los tres niveles de la vida humana: corporal, intelectual y espiritual. La base de la pirámide, con sus cuatro puntos, simboliza la tierra, la multiplicidad del universo material, los cuatro elementos y muchos otros elementos. El conjunto suma DIEZ, que representa la totalidad del universo creado o increado.[2]

Sentido humano y divino del número DIEZ

El número DIEZ es un buen ejemplo de cómo los números adquieren un sentido o figuración natural y humana; pero pueden esconder un sentido recóndito que supera la simple especulación humana. Los números que sirven a los hombres para contar, ordenar y dividir tienen un significado profano; mientras que los números que Dios utiliza como fuerzas ordenadoras de su creación y pensamiento tienen un carácter sagrado. Para Pitágoras, el padre de la matemática, que vivió en el siglo VI a.C., los números constituían «*el principio de las cosas y la base o fundamento de cualquier orden*». Un buen ejemplo es su descubrimiento de la armonía musical basada en valores numéricos; en efecto, los intervalos de la escala musical corresponden a la longitud de las cuerdas que producen el sonido al vibrar; estos sonidos se expresan y relacionan a través de una valorización numérica. Fue Pitágoras quien descubrió la importancia de la *tetraktys*, que representa la «cuadruplicidad» que resulta del compendio o suma de los cuatro primeros números: $1 + 2 + 3 + 4 = 10$. Es así como este número DIEZ, representado en el concepto de *terktys*, se constituye en el *dekas* o número sagrado. La doctrina pitagórica enseña que en la *tetraktys* se encierra «la raíz y fuente de la naturaleza eterna». El número DIEZ mantiene su *unidad* a pesar de estar constituido por el *uno*, que es fundamento del ser; por el *dos*, que representa la polaridad de los fenómenos; por el *tres*, que identifica el efecto triple del espíritu; y por el *cuatro*, número de los cuatro elementos de la materia.[3]

El DIEZ, manifestación de poder y santidad

La santidad de la palabra está comprometida e implicada en el número DIEZ para muchas religiones. Según el libro clásico de la cábala (*Sohar*), Dios creó al mundo con diez palabras, pues diez veces se dice en el pasaje de la creación: «*Y dijo Dios*» (véanse Génesis 1 y 2). Fue así como surgieron *las diez sephiroth* o «emanaciones» de Dios. Otra santa encarnación de la palabra son los Diez Mandamientos, dados por Yahvé a su pueblo en la montaña del Sinaí. También el budismo enseña diez preceptos dados por su fundador, Buda: cinco para los laicos y cinco para los monjes. Las escrituras reveladas de los hindúes, la *Rigveda*, que se remonta al segundo mileno a.C., contiene diez libros escritos por los **Rishis**, *Contertulios de los dioses*.[4]

El DIEZ en la tradición cristiana

En la tradición cristiana el DIEZ llegó a ocupar un lugar importante. Su representación romana, «X», hacía referencia a la cruz de Cristo y a la primera letra de su nombre.

CAPÍTULO DOCE

Eusebio, padre de la Iglesia (265-340 d.C.), obispo de Cesarea y primer historiador del cristianismo, tiene esto que decir del número diez: «*El* ***diez*** *es regla y medida de todos los números, de todos los cálculos y armonías.*»
El filósofo y teólogo Miguel Escoto, fiel representante del pensamiento medieval cristiano, afirma:

> *Más allá de las* ***nueve*** *esferas móviles, está el empíreo inmóvil, que es perfecto. Y es más notable poseer, sin movimiento, la perfección de que se es capaz, que conquistarla mediante el movimiento. De donde el décimo cielo es el más noble y encumbrado que todos los otros, y posee, sin ningún movimiento, toda la perfección.*

El DIEZ en la cultura china

Para los chinos el DIEZ es un número doble: el doble de CINCO, y subraya el dualismo del ser. El CINCO es de por sí un número totalizador; por lo tanto, el DIEZ es doblemente totalizador, y como tal, muestra el dualismo interno de todos los elementos que componen el CINCO. Por ejemplo, en el libro del *Hong-huei*, los antepasados son 5 x 2, y les corresponde 5 x 2 banderas, 5 x 2 casillas. Los tallos celestes que miden el tiempo, equivalen de dos en dos a los cinco elementos chinos. El DIEZ, pues, contiene el significado del principio del movimiento, como fruto de su dualismo fundamental del cinco repetido o proyectado dos veces.[5]

El DIEZ, signo de muerte y vida

Por ser un número doble y dual, el DIEZ puede significar vida o muerte; es el número que coexiste con ambas realidades. Es así como el décimo día entre los mayas es nefasto, porque pertenece al dios de la muerte (*Thoh*),[6] sin olvidar que sigue al noveno día, que es el de la enfermedad. Sin embargo, para los indios bambara, el DIEZ es el número más feliz y completo, porque es la suma de los cuatro primeros números, que señalan las cuatro etapas de la creación. Pero a la vez es el número más nefasto por ser la suma del SEIS y el CUATRO que, como ya hemos explicado, son números con significados negativos. El DIEZ es, además, el número de la fecundidad, atributo del dios del agua, *Faro*. Este mismo dualismo antagónico lo podemos descubrir en los Diez Mandamientos, en donde el DIEZ es totalizador, porque el Decálogo resume y contiene toda la Ley; aunque es a la vez un catálogo de asertos y órdenes negativas que prohíben algo, unidas a otras de carácter positivo. Pero en su conjunto todas resultan positivas, porque favorecen la integración y el orden.[7]

Conclusión

No cabe duda que el número DIEZ tiene un sentido sagrado desde la antigüedad. La teoría de los nueve cielos, que concuerda con las nueve jerarquías angélicas enseñadas por el padre de la Iglesia del siglo II, Dionisio el Aeropagita, fue seguida por Dante Alighieri en su libro la *Divina Comedia*. Pero el noveno cielo no era más que la antesala del cielo final y completo, «el décimo cielo».

El pensamiento de Pitágoras, que ve en el DIEZ la suma de los primeros cuatro números, va unido al concepto del «X» (diez romano), a la letra *chi* griega, y al quiasma o cruce de números de Platón. Por otra parte, la costumbre inmemorial de contar con los dedos de la mano, que nos permite llegar solo a diez, implica que aunque el DIEZ es un número completo y redondo, tiene sus límites marcados por el Ser Supremo, los cuales no puede flanquear.

CAPÍTULO DOCE

SIGNIFICADO BÍBLICO

El DIEZ, número totalizador

El *Léxico Hebreo de Gesenius* reconoce que la palabra hebrea para DIEZ (י) favorece la idea de totalidad y plenitud por ser el número que completa la lista de números primarios y da la base para la formación del resto de los números. Tiene, pues, el DIEZ un sentido de conjunción o conjunto de varios números o elementos que forman una unidad básica. La figura que mejor representa este concepto es la de las manos, con sus diez dedos. Es entonces evidente la idea de «unión», «integración» de varios en uno; multitud que forma un conjunto integrado y completo. El mejor ejemplo bíblico de esta noción son los Diez Mandamientos que, como ya hemos explicado, siendo muchos y variados, contienen en conjunto y en sustancia toda la *Torah* o Ley básica. Es el sentido que la misma Biblia les da, según lo vemos en el libro del Éxodo:[8] «... *Y Moisés se quedó en el monte, con el Señor, cuarenta días y cuarenta noches, sin comer ni beber nada. Allí, en las tablas, escribió los términos del pacto, es decir,* **los diez mandamientos**» (Éxodo 34:28).

El mismo concepto lo descubrimos en Deuteronomio 4:13; 10:4: «*El Señor le dio a conocer* [a Moisés] *su pacto, los* **diez mandamientos**, *los cuales escribió en dos tablas de piedra y les ordenó que las pusieran en práctica*» (4:13).

Este sentido o significado del DIEZ como número del conjunto o totalidad, lo encontramos en otros pasajes: por ejemplo, en Rut 4:2, donde se habla de diez ancianos que constituyen una corte legal en el pueblo de Israel; del mismo modo que diez príncipes o jefes de clanes representan las tribus de Israel (Josué 22:14). Un cortejo nupcial estaba completo con un séquito de diez vírgenes (Mateo 25:1).

CAPÍTULO DOCE

El DIEZ, equivalente a «muchos»

Este mismo sentido totalizador o de conjunto lo percibimos en el uso del DIEZ con el significado de «muchos». Algunos ejemplos los tenemos en Génesis 31:7, 41; Job 19:3. «*De los veinte años que estuve en tu casa, catorce te serví por tus dos hijas y seis por tu ganado, y* **muchas veces** *me cambiaste el salario*» (Génesis 31:41).

Las versiones modernas, como la *Nueva Versión Internacional*, traducen aquí y en los otros textos citados, «*muchas veces*», donde otras más literalistas colocan «*diez veces*». Siguiendo esta misma interpretación se puede traducir: «*muchos hijos*», por «*diez hijos*» (1 Samuel 1:8); «*muchos gobernantes*» en lugar de «*diez gobernantes*» (Eclesiastés 7:19); «*muchos cuernos*» en lugar de «*diez cuernos*» (Daniel 7:7, 24; Apocalipsis 12:3; 13:1; 17: 12).

El DIEZ y la responsabilidad

Algunos comentaristas, como Robert T. Johnston, añaden al concepto de la perfección y acabado de la obra de Dios, el de la responsabilidad, como parte del significado del número DIEZ. Así, por ejemplo —dicen Johnson y otros— si el hombre recibió diez dedos en las manos y en los pies, es para que los use bien y responda de los mismos ante Dios. Con frecuencia este número aparece en la Biblia unido a la responsabilidad que alguien debe tener por sus obras. Es el caso del capítulo nueve y siguientes del libro del Éxodo, que hablan de la responsabilidad del faraón al endurecer su corazón y negarse en diez ocasiones a atender los reclamos y órdenes de Dios, relacionados con la liberación de su pueblo. A las diez negativas deben corresponder diez castigos.[9]

Los Diez Mandamientos resumen la responsabilidad del ser humano frente a su Creador. El diezmo, como ofrenda de reconocimiento a Dios, que todo nos lo da, es la expresión máxima de nuestro reconocimiento de la soberanía divina, a quien somos responsables y debemos responder por

CAPÍTULO DOCE

todo lo que él nos ha dado. La responsabilidad se percibe también en la parábola de las diez vírgenes sabias y las diez necias que se quedaron afuera de la boda por no haberse apertrechado del aceite suficiente para sus lámparas (Mateo 25:1-13).

El DIEZ y el poder

El número DIEZ se asocia también con la noción de poder terreno y temporal, como es el caso de la estatua de bronce del sueño de Nabucodonosor, que tenía los pies y los dedos de una mezcla de hierro y barro, lo que constituía su limitación, y sería su ruina (Daniel 2:41). El poder limitado del Anticristo se refleja también en los diez cuernos de la bestia que lo representa. Pablo hace alusión a estos poderes mundanos, enemigos de Dios y de sus siervos. Menciona diez de estos poderes y fuerzas opositoras a Dios y a Cristo que, por muy poderosas y fuertes que sean, no tendrán la capacidad de superar su poder. Pablo lo presenta de esta forma en su carta a los Romanos:

> *...estoy convencido de que ni la muerte ni la vida, ni los ángeles ni los demonios, ni lo presente ni lo porvenir, ni los poderes, ni lo alto ni lo profundo, ni cosa alguna en toda la creación, podrá apartarnos del amor que Dios nos ha manifestado en Cristo Jesús nuestro Señor* (Romanos 8:38-39).

Conclusión y resumen

El número DIEZ se asocia desde épocas prehistóricas a la forma más primitiva y elemental de contar: el uso de los dedos de las manos y de los pies. El Antiguo Testamento tiene una especial predilección por este número, comenzando por convertirlo en la cifra que resume la Ley: **los Diez Mandamientos**. Pero hay más dieces en el Antiguo Testamento: las diez plagas, los diez patriarcas antidiluvianos, el diezmo como ofrenda a Dios, y el diez como medida relacionada con las dimensiones del arca de la alianza, la tienda o tabernáculo y el mismo templo. (Véase Éxodo 26-27.) El número DIEZ es también común en el judaísmo rabínico, que fue el que prevaleció después de la última destrucción del templo, en al año 70 d. C. De esta fuente nos vienen las diez tentaciones de Abraham, las diez palabras divinas de la creación («*...y Dios dijo*») y los diez varones necesarios para construir el culto verdadero. En la «Apocalíptica» judía se habla de diez épocas del mundo, de las cuales «la décima es la del Mesías.[10]

En el Nuevo Testamento el DIEZ tiene menos importancia; es un número redondo que sirve más para indicar conceptos como el de «muchos» o de un grupo completo y acabado. Tal es el caso de Lucas 19:13 (parábola de los diez siervos a quienes su señor entregó la administración de ciertas cantidades de dinero); el de Mateo 25:1 (la parábola de las diez jóvenes o vírgenes con sus lámparas); Apocalipsis 2:10, que habla de los *«diez días»* de persecución que los seguidores del Cordero sufrirán, indicando obviamente que será *«un período corto y limitado»*. Jesús manifiesta su mesianidad mediante diez milagros en Mateo 8 y 9. Mateo enmarca la genealogía de Jesús en diez períodos. Los diez cuernos de la bestia en Apocalipsis indican un poder total, pero aún limitado por el poder de Dios (véase además Daniel 7:20). Por último, en Romanos 8:38-39 se mencionan diez potencias que, a pesar de su fuerza, no son capaces de separarnos de Dios ni del amor de Cristo. En cambio, en 1 Corintios 6:9-18 son los vicios los que excluyen a los seres humanos del reino de Dios.

CAPÍTULO DOCE

NOTAS

[1] Olivier Beigbeder. *Léxico de los símbolos*. Vol. 15. Madrid: Ediciones Encuentro, 1989. p. 328.

[2] Manfred Lurker, *El mensaje de los símbolos*. Mitos, culturas y religiones. Barcelona: Editorial Herder, 1992. p. 147.

[3] Jean Chevalier y Alain Gheerbrant. *Diccionario de los símbolos*. Barcelona: Editorial Herder, 1995. p. 418.

[4] Yves Bonnefoy, *Diccionario de las mitologías*. Vol. I. Barcelona: Editorial Destino, 1997. pp. 319-34.

[5] Chevalier, *Op. cit.* p. 418.

[6] *Popol Vuh, Las antiguas hisotiras del Quiché*. Tr. Bogotá: Fondo de cultura económica, 1952. pp. 30-31.

[7] *The Illustrated Bible Dictionary*. Part 1. Aaron-Golan. Inter-Varsity Press, Tyndale House Publishers, 1980. p. 1098.

[8] Milton S. Terry, *A Treatise on the Interpretation of the Old and New Testament*. Grand Rapids: Zondervan Publishing House. p. 383.

[9] Robert D. Johnston, *Los números en la Biblia*. Grand Rapids: Editorial Portavoz, 1994. p. 75.

[10] Gerhard Kittel y Gerhard Friedrich. *Compendio del diccionaro teológico del Nuevo Testamento*. Grand Rapids: Libros Desafío, 2002. p. 145.

CAPÍTULO TRECE

EL ONCE

SIGNIFICADO GENERAL

El ONCE (11) es el número del exceso, la desmesura y el desbordamiento, porque traspasa el DIEZ (10), que es la cifra del Decálogo, de lo completo y ajustado a la Ley.

El número del pecado y el desorden

El ONCE (11) significa «exceso» y rompimiento de la medida y de la Ley, que está representada por el Decálogo, los Diez Mandamientos. Por eso también se identifica al ONCE con el pecado o transgresión de la Ley, por traspasar la barrera del DIEZ, que es la cifra del Decálogo. Agustín de Hipona dice que *«el once (11) es el escudo de armas del pecado».* Su acción perturbadora puede concebirse como un desdoblamiento anormal y desequilibrante de uno de los elementos constructivos del universo, representado por el número DIEZ (10). El ONCE se sale del orden constituido, y por eso puede representar, además del pecado o transgresión a la Ley, el desorden, la enfermedad y el no cumplimiento de la Ley y la medida.[1]

El ONCE, número de la fecundidad

Sin embargo, el ONCE tiene otros significados en otras culturas. Es particularmente sagrado en las tradiciones esotéricas africanas. Incluso se llega a ver en él una de las claves principales del ocultismo negro. Se relaciona con los misterios de la fecundidad. La mujer madre tiene once aberturas, mientras que el hombre no tiene sino nueve. Se cree que el semen tarda once días en llegar a su destino y fecundar el óvulo materno. El niño que vendrá al mundo recibirá once fuerzas divinas, por las once aberturas de su madre. En estas tradiciones, el ONCE tiene un sentido positivo y favorable, que se orienta a la idea de renovación de los ciclos de la vida y de intercambio y comunicación con las fuerzas vitales. Sin embargo, en otras culturas el ONCE tiene un sentido más negativo, completamente contrario al que le dan las culturas africanas.[2]

El número del exceso

Si el número DIEZ simboliza un ciclo completo y la plenitud de la Ley, el ONCE (11) significa exceso, desmesura, desbordamiento en cualquier orden: desproporción, desorden, violencia, juicio excesivo. El ONCE anuncia un conflicto virtual. Es de por sí un número ambivalente, porque además de exceso, puede significar el comienzo de un nuevo ciclo. Traspasa el ciclo de los diez primeros números y da principio a una renovación.

Puede, además, representar el desbordamiento del individuo que se sustrae del grupo para tomar su propia iniciativa sin vinculaciones con la armonía cósmica, lo que crea inquietud y provoca una reacción desfavorable. Esta situación la comprueban los que siguen las teorías teosóficas; en efecto, sumando las dos cifras que componen el ONCE, UNO y UNO (1 + 1), dan DOS (2), el número nefasto de la discordia, la lucha y la oposición, como ya lo hemos visto. Pero los dos UNOS constituyen un nuevo número con su propia existencia individual, y por eso pasa a significar «la lucha interior del individuo», del desequilibrio interno, de la rebelión, el extravío y la transgresión. Representa entonces

CAPÍTULO TRECE

el pecado humano, la transgresión de la Ley y la rebelión celeste de los ángeles.

El ONCE, conjunción del SEIS (6) y el CINCO (5)

El CINCO representa el microcosmos, y el SEIS el macrocosmos: el cielo y la tierra. El ONCE los une y totaliza (*tch'eng*), según la filosofía taoísta. El ONCE es el número del tao o libro de la vida y la virtud. El ONCE construye el camino del cielo y de la tierra.

Pero para los bambara, es símbolo de discusión y conflicto. La onceava etapa de su génesis es el levantamiento del dios del aire, *Teliko*, contra la autoridad de *Faro*, dios del agua, organizador del mundo.³

En la logia de las sociedades secretas se clavan once banderas en el cajón de medida de granos, llamado «celemín». Tienen la forma de 2 x 5 + 1 = 11, en recuerdo de las dos series de cinco fundadores, fundidos en uno.

SIGNIFICADO BÍBLICO

El ONCE, número de la imperfección

El ONCE no es muy frecuente en la Biblia; aparece solo unas treinta y ocho veces. Por excederse y superar al DIEZ, que representa el orden perfecto, y quedarse corto respecto al DOCE (12), que denota el orden y mandato divinos, el ONCE ha llegado a representar el desorden y la imperfección. Las veces que se menciona este número en la Biblia parecen comprobarlo. Lleva casi siempre la connotación de lo imperfecto o inacabado cuando no es que anuncia problemas y conflictos. Veamos algunos casos:

- La familia de Jacob estaba compuesta por once hijos (Génesis 32:22) dentro de los cuales no había armonía; parecía que sobraba uno o faltaba otro más, para completar un número positivo, diez (10), o el número bendito, doce (12). También el número de los jefes descendientes de Esaú, llamados los edomitas, enemigos acérrimos de Israel, eran once (Génesis 36: 40-43).
- Esta noción de problema, imperfección y conflicto podemos también percibirla en el rechazo de José por sus hermanos. Once años vivió José en casa de Potifar; y once eran las estrellas que giraban a su derredor y le rendían pleitesía o reverencia en el sueño que provocó los celos de sus hermanos (Génesis 37:9).
- Once cortinas de pelo de cabra cubrían el santuario *«a la manera de una tienda de campaña»* (Éxodo 26:7).
- El trecho más funesto recorrido por el pueblo de Dios en el desierto fue el de Horeb a Cades-Barnea, en el monte de Seir, que duraba once días recorrerlo (Deuteronomio 1:2). Fue este el pasaje donde Dios se enojó con su pueblo por su falta de fe y obediencia, que se van a señalar como la causa de que ni Moisés ni los rebeldes de este pasaje entraran en la tierra prometida (véanse Números 14:28-30; Salmo 95:7-11; Hebreos 4:1-3a).
- En cambio, de Cades Barnea a la tierra prometida donde se cumplirían las promesas y se guardarían los mandatos divinos, había solo UN día de camino (véanse Números 33:36-37; Deuteronomio 1:1-2).

CAPÍTULO TRECE

- Los reyes Joacim y Sedequías reinaron once años (2 Reyes 23:36; 24:18).[4]

El ONCE en el Nuevo Testamento
En el Nuevo Testamento poco se usa el número ONCE a no ser para identificar a los obreros tardíos, invitados a trabajar en el viñedo a la hora undécima, que es la última hora de la jornada (Mateo 20:6), quizá para significar el don de la gracia divina que suple nuestras deficiencias y se extiende inclusive a los que parece que debieran estar excluidos de su reino, porque se tardaron y llegaron a última hora. Esta parábola de los viñadores (Mateo 20:1-16) muestra en la práctica la nueva filosofía del Reino de que: «*los últimos serán primeros y los primeros, últimos*» (Mateo 20:16). Y el número ONCE u hora undécima puede manifestar el principio operativo de la gracia divina, que suple lo que nos falta y completa nuestras deficiencias simbolizadas por el número ONCE que, como hemos dicho, es un número imperfecto por exceso o por defecto.[5]

Esta misma deficiencia se registra en Hechos 1:26, donde se nos narra cómo los apóstoles se apresuraron a «completar» el número doce de los discípulos, que había quedado defectuoso, solamente en once por la muerte de Judas. En efecto, el número doce, como lo vamos a ver, representa al pueblo «completo» de Dios, tanto en el Antiguo como en el Nuevo Testamento: DOCE tribus, y DOCE Apóstoles.[6]

Algunos ven en la edad de Jesús— treinta y tres años, (tres veces once) una existencia truncada en plena juventud, cuando todavía la mayoría de la gente no ha llegado a la plenitud de su desarrollo. Desde el punto de vista meramente humano, habría quizás cabida para esta clase de interpretación. Pero estrictamente, desde el punto de vista teológico y bíblico, Cristo cumplió a la perfección su obra, según él mismo lo testimonia desde la cruz: «*Todo se ha cumplido*» (Juan 19: 30). Más explícitamente lo había dicho

CAPÍTULO TRECE

en su discurso de despedida de los discípulos: «*Padre,... yo te he glorificado en la tierra, y he llevado a cabo la obra que me encomendaste*» (Juan 17:4).

NOTAS

[1] Olivier Beigbeder, *Léxico de los símbolos*. Vol. 15. Madrid: Ediciones Encuentro, 1989. p. 338.
[2] Jean Chevalier y Alain Gheerbrant. *Diccionario de los símbolos*. Barcelona: Editorial Herder, 1995. p. 779.
[3] Ibid.
[4] Robert D. Johnston, *Los números en la Biblia*. Grand Rapids: Editorial Portavoz, 1994. p. 81.
[5] Ibid. p. 82.
[6] Justo González, *Hechos de los apóstoles*. Comentario Bíblico Iberoamericano. Buenos Aires: Ediciones Kairos, 2000. pp. 60-61.

CAPÍTULO CATORCE

EL DOCE

SIGNIFICADO GENERAL

El DOCE es el número de las dimensiones espaciales, y a la vez el número de la perfección. En la Biblia representa al pueblo de Dios y la consumación del Reino: DOCE (12) tribus; DOCE (12) apóstoles. Es, además, el número de los signos del zodíaco, de los meses del año y otros muchos símbolos.

El DOCE, número de las dimensiones espaciales

El DOCE, producto del TRES (3) multiplicado por CUATRO (4), rivaliza en importancia con el SIETE (7). Es el número no solo de los meses del año, de las horas del día y de la noche y de los signos del zodíaco, sino que veremos que en la Biblia tiene una gran importancia: doce tribus representan al pueblo de Dios en el Antiguo Testamento; y doce apóstoles a la iglesia, como nuevo pueblo de Dios en el Nuevo Testamento. El DOCE representa, pues, a la comunidad de redimidos, a la iglesia universal.[1]

Pero volviendo a su significado secular universal, el DOCE es el número de las dimensiones y divisiones espaciales y temporales. Resulta de la multiplicación de los cuatro puntos cardinales por los tres planos del mundo. Divide el cielo, considerado como una gran cúpula, según la visión de las civilizaciones antiguas incluyendo la bíblica, que se divide en doce sectores a los cuales corresponden los doce signos del zodíaco, conocidos desde casi la prehistoria de la humanidad.

CAPÍTULO CATORCE

El DOCE divide el año en doce meses entre los asirios, babilónicos, hebreos y otros muchos pueblos y culturas. Los chinos dividen el año en doce meses correspondientes a las doce paradas del emperador en las doce puertas del *Mingt'ang*. Los chinos y otros pueblos de Asia central dividen el tiempo en períodos de doce años. Y la multiplicación de 12 x 5 da nacimiento a los períodos de sesenta años en que se resuelven los ciclos solar y lunar. Por eso el DOCE simboliza el Universo en su desarrollo cíclico de espacio y de tiempo.[2]

El DOCE y la complejidad interna del Universo

El DOCE es el número del zodíaco, que está formado por las doce partes en que se dividen las zonas celestes, que llevan los nombres de las doce constelaciones: Aries, Tauro, Géminis, Cáncer, Leo, Virgo, Libra, Escorpión, Sagitario, Capricornio, Acuario y Piscis. El duodenario que caracteriza el año y el zodíaco representa también la multiplicación de los cuatro elementos: *tierra, agua, aire y fuego*. Estos cuatro elementos, considerados en sus diversas manifestaciones cósmicas, se multiplican por diversos elementos como, por ejemplo, las «tres *gunas* hindúes»: actividad, inercia y armonía.[3]

El DOCE entre algunas tribus indígenas

El DOCE adquiere variados significados en las culturas y pueblos indígenas. Los dogones y los bambara de Malí, por ejemplo, consideran que los principios contrarios CUATRO (4) y TRES (3) que representan a la hembra y al macho, están en la base de todo y pueden asociarse en dos formas: la estática y la dinámica. La estática es producto de la suma de CUATRO (4) más TRES (3), que da el número SIETE (7), principio estático del hombre y el universo. El DOCE (12) es producto de la multiplicación del 4 x 3, y constituye la forma dinámica, o principio del devenir y desarrollo perpetuo del Universo.

CAPÍTULO CATORCE

Para algunas tribus africanas, antes de la separación de la tierra y el cielo y del nacimiento de los que ellos llaman los grandes *Demiurgos*, organizadores de la creación, se definieron los cuatro centros cardinales. Sobre cada uno de estos cuatro puntos la «vibración sonora» que preside la creación realiza tres giros en espiral. De esta manera se define todo el complejo del espacio y el tiempo, constituido por el número DOCE: cuatro por tres (4 x 3), como cifra de acción.[4]

El dodecaedro
El dodecaedro es la forma geométrica de doce caras pentagonales. El dodecaedro cobra sentido en la perspectiva simbólica de las escuelas pitagóricas y platónicas, para quienes los números son ideas y modelos eternos de las cosas de acá abajo. El dodecaedro nace del llamado «número de oro», pues se basa en el pentágono, al que se atribuye poder benéfico. El pentágono, o figura de cinco lados, evoca el misterio de las evoluciones desde lo físico y químico hasta lo vital; desde lo material a lo espiritual. Por eso el dodecaedro puede representar el desarrollo del cielo y el universo.[5]

SIGNIFICADO BÍBLICO

El DOCE, número rico en simbolismo bíblico
El número DOCE tiene una gran riqueza simbólica en la Biblia y en la religión y cultura judeo-cristianas. En el número DOCE se da una combinación del CUATRO, que es el número del cosmos o de la creación, con el número TRES,

CAPÍTULO CATORCE

número sagrado que representa a Dios y su poder, (4 x 3 = 12), que nos da el mundo acabado y completo; el mundo «recreado», o «la nueva creación», que adquiere diferentes nombres y representaciones en las Escrituras, tales como «*la Nueva Jerusalén*» o «*la Jerusalén celestial*», con doce puertas, doce bases o cimientos, etc.

> *Me llevó en el Espíritu a una montaña grande y elevada, y me mostró la ciudad santa, Jerusalén, que bajaba del cielo, procedente de Dios... Tenía una muralla grande y alta, y* **doce** *puertas custodiadas por* **doce** *ángeles, en las que estaban escritos los nombres de las* **doce** *tribus de Israel. Tres puertas daban al este, tres al norte, tres al sur y tres al oeste. La muralla de la ciudad tenía* **doce** *cimientos, en los que estaban los nombres de los* **doce** *apóstoles... Las* **doce** *puertas eran* **doce** *perlas, y cada puerta estaba hecha de una sola perla* (Apocalipsis 21:10-13, 21).

En la descripción de la Jerusalén celestial (Apocalipsis 21:9-22:5), Juan repite el número DOCE muchas veces. «*Doce ángeles*»: como la ciudad baja del cielo debe tener guardianes celestiales. «*Doce apóstoles*»: la doctrina y predicación de los apóstoles son el cimiento y base de la Iglesia. Todos los números de los versículos siguientes tienen como base el número DOCE, símbolo del pueblo de Dios, y el MIL (1.000), símbolo de multitud y gran abundancia. La ciudad celestial forma un cubo perfecto, según el módulo del Santísimo (1 Reyes 6:19 ss); pero sus dimensiones trascienden toda medida y posibilidad terrestre: doce mil estadios serían como 2.500 kilómetros. La cifra es prácticamente «sobrenatural», como concretización de la grandeza y perfección de la ciudad celestial.[6]

CAPÍTULO CATORCE

El número DOCE y el pueblo de Dios
Como vemos, el número DOCE abunda en la descripción del mundo recreado en el más allá, del que disfrutarán los «elegidos». Estos elegidos están identificados asimismo con el número DOCE, pues serán los «*redimidos por la sangre del Cordero*», que pertenecen al pueblo de Dios, representado por las doce tribus, en el Antiguo Testamento y los doce apóstoles en el Nuevo. Es de aquí de donde sale la cifra de los 144.000:

> *Luego miré, y apareció el Cordero. Estaba de pie sobre el monte Sión, en compañía de* **ciento cuarenta y cuatro mil** *personas que llevaban escrito en la frente el nombre del Cordero y de su Padre...* (Apocalipsis 14:1. Véanse también vv. 3-4).

Se ha especulado mucho sobre este número. La explicación más sencilla es que en el cielo, con el Cordero inmolado, que es Jesucristo, estarán los redimidos por él, pertenecientes a su pueblo tanto del Antiguo Testamento como del Nuevo. Este pueblo está representado por las doce tribus de Israel y los doce apóstoles. Al producto de la multiplicación 12 x 12 (doce al cuadrado), que da 144, se agrega la cifra 1.000, número que significa «multitud». En efecto, mil en la cultura semítica y bíblica no es un número exacto sino una cantidad indefinida: «*muchos*», «*numerosos*», «*multitud*».

Como vemos, aun en este pasaje de los ciento cuarenta y cuatro mil, como en el de la Jerusalén celestial, el simbolismo del número DOCE sigue siendo el mismo: una consumación o transformación de lo creado terreno, al ser asumido por lo increado y divino.[7]

El gran poeta Paul Claudel habla en términos poéticos de alto vuelo de la cifra dada por el Apocalipsis y su significado:

CAPÍTULO CATORCE

*Ciento cuarenta y cuatro mil es **doce**; **doce**, que es tres multiplicado por cuatro, el cuadrado multiplicado por el triángulo, es la raíz de la esfera, es la cifra de la perfección. Doce veces **doce** es la perfección multiplicada por ella misma, la perfección al cuadrado; la plenitud que excluye cualquier otra cosa que no sea ella misma; es el paraíso geométrico.*[8]

En último término podemos afirmar que el DOCE representa a la Iglesia triunfante, al término de su militancia y lucha en este mundo.

Por eso para los escritores bíblicos el DOCE es el número de la elección, del pueblo de Dios, de la Iglesia: Israel, representado por Jacob, quien tiene doce hijos que llegan a ser las doce tribus del pueblo hebreo, las cuales llevan sus nombres (Génesis 35:22b); y cuando Jesús escoge a sus doce discípulos, proclama abiertamente su pretensión de elegir, en nombre de Dios, a un pueblo nuevo, su Iglesia (Mateo 10:1 ss).

El DOCE, número del gobierno perfecto

El número DOCE significa también dominio y soberanía. La soberanía perfecta, propia de Dios y con la cual rige el Universo. El Salmo 19:7-8 dice:

La Ley del Señor es perfecta:
infunde nuevo aliento.
El mandato del Señor es digno de confianza:
da sabiduría al sencillo.
Los preceptos del Señor son rectos:
traen alegría al corazón.

Si el TRES es el número de la perfección divina, y el DIEZ el del orden perfecto, el DOCE es el número del gobierno perfecto.

CAPÍTULO CATORCE

Éxodo 15:27 nos habla de cómo el pueblo de Israel, después de vagar en desorden y frustración por el desierto de Shur, muerto de sed y con deseos de rebelarse contra Moisés, acampó en paz y orden en Elim, «*donde había doce manantiales y setenta palmeras*». Y cuando finalmente llegaron a la tierra prometida, después de cruzar el río Jordán cuyas aguas milagrosamente se abrieron a su paso, construyeron en medio del lecho del río un monumento de doce piedras, igual al que levantaron en Gilgal (Josué 4:8-9). Todo esto, en reconocimiento del orden y gobierno de su Dios, a quien debían sus logros y triunfos. El orden divino estaba asimismo representado por los doce bueyes sobre los que se sostenía el mar de bronce fundido en el templo de Salomón (1 Reyes 7:25), y las puertas de la ciudad, enumeradas en Ezequiel 48: 31-34. En las puertas de la ciudad se dirimían los pleitos y se impartía justicia por las autoridades legítimamente constituidas. Sentarse en los doce tronos para juzgar a Israel, como Cristo promete en Mateo 19:28 a sus discípulos, significa que ocuparán un alto puesto de autoridad y dominio. El Padre de Jesús tenía poder hasta para enviar doce legiones en rescate de su Hijo, si él lo quisiera (Mateo 26:53). La autoridad del sumo sacerdote estaba representada en las doce piedras preciosas que adornaban su pectoral; cada una de estas piedras llevaba el nombre de una de las doce tribus.[9]

VEINTICUATRO, dos veces DOCE

En el libro del Apocalipsis encontramos la figura de los veinticuatro (24) ancianos. Estos personajes rinden homenaje a Dios y lo alaban (4:9-11; 5:8-11, 14; 11: 16-18; 19:4); también desempeñan funciones sacerdotales al ofrecer oraciones por los creyentes (5:8). Sus vestiduras blancas simbolizan la condición de seres glorificados que habitan el cielo (3:18; 6:11; 7:9). Su principal prerrogativa es estar sentados en tronos, participando así de las funciones divinas de juzgar y gobernar al mundo, según Cristo había prometido a sus discípulos (3:21). ¿Quiénes son estos ancianos? El número veinticuatro no se halla en ningún otro lugar de la literatura apocalíptica; sólo se emplea en este pasaje. Algunos lo han relacionado con las veinticuatro divinidades astrales de la religión babilónica; otros con los veinticuatro turnos sacerdotales en el templo. Lo más probable es que el número se refiera al pueblo de Dios, representado por las doce tribus de Israel y los doce apóstoles. Así el grupo de los veinticuatro ancianos alude a la Iglesia ideal y total, como comunidad de todos los redimidos por Cristo, tanto del Antiguo como del Nuevo Testamento. La glorificación de este pueblo e iglesia, que milita y lucha en la tierra, se consumará en el cielo en el futuro; pero YA se ha realizado virtualmente en la resurrección de Cristo.[10]

Conclusión

El DOCE es un número de perfección y representa la consumación del reino y pueblo de Dios. Esto lo vemos especialmente en el libro del Apocalipsis, en el pasaje de la Jerusalén celestial del capítulo 21:12 ss. Como número del pueblo de Dios, se incluyen las doce tribus que representan a este pueblo en el Antiguo Testamento, y los doce apóstoles que representan a la Iglesia fundada por Cristo. La figura que resplandece en esta descripción de la Iglesia es el pueblo de Dios después del triunfo escatológico: un pueblo ya seguro en la ciudad celestial, rodeado de la gloria del Altísimo.

Pero el significado del DOCE se extiende a otros muchos elementos, como los doce corderos (Lucas 10:3), las doce palomas, los doce leones en el trono de Salomón, las doce columnas de la Iglesia; y en el mundo secular a muchos aspectos más, como los doce meses y los doce signos del zodíaco. Estos y muchos otros pasajes donde se usa el número DOCE pueden representar en una u otra forma el poder y dominio soberano de Dios. Por eso se dice que el

CAPÍTULO CATORCE

DOCE es el número del poder y ordenamiento perfectos. Por último, encontramos al número DOCE usado en su simple valor numérico, como cifra matemática redonda, en Marcos 5:42; 8:19; Lucas 2:42; Hechos 19:7; 24:11.

NOTAS

[1] Gerhard Kittel y Gerhard Friedrich. *Compendio del diccionaro teológico del Nuevo Testamento*. Grand Rapids: Libros Desafío, 2002. p. 192.

[2] Olivier Beigbeder, *Léxico de los símbolos*. Vol. 15. Madrid: Ediciones Encuentro, 1989. p. 339.

[3] Jean Chevalier y Alain Gheerbrant. *Diccionario de los símbolos*. Barcelona: Editorial Herder, 1995. p. 425.

[4] Ibid. p. 423-24.

[5] Beigbeder, *Op. cit.* p. 340.

[6] José M. Martínez, *Hermenéutica bíblica*. Barcelona: Libros CLIE, 1984. p. 188.

[7] Gleason L. Archer, *Encyclopedia of Bible Difficulties*. Grand Rapids: Zondervan Publishing House, 1982. pp. 432-33. Véase M. R. De Haan, *35 Simple Studies on the Book of Revelation*. Grand Rapids: Zondervan, 1974. pp. 129-37.

[8] Citado por Jon Chevalier, *Op. cit.* p. 425

[9] Robert D. Johnston, *Los números en la Biblia*. Grand Rapids: Editorial Portavoz, 1994. pp. 81-82.

[10] Milton S. Terry, *A Treatise on the Interpretation of the Old and New Testament*. Grand Rapids: Zondervan Publishing House. p. 383.

CAPÍTULO QUINCE

EL CUARENTA

SIGNIFICADO GENERAL

El CUARENTA es un número de prueba y juicio que representa un período fijo de 40 horas, días, meses o años.

El CUARENTA, período de prueba

CUARENTA es el número de espera, de la preparación, de la prueba, del juicio y el castigo. El más importante de todos estos sentidos es el de la espera. Hay una consistencia muy marcada y frecuente entre los escritores bíblicos en usar el número CUARENTA para marcar los acontecimientos y hechos de la salvación, en los que Dios interviene. Tanto Saúl como David y Salomón reinaron cuarenta años cada uno (Hechos 13:21; 2 Samuel 5:4; 1 Reyes 11:42). En la vida de Moisés descubrimos tres períodos bien marcados, cada uno de cuarenta años de duración. El diluvio duró cuarenta días y cuarenta noches, según la alianza que Dios hizo con Noé (Génesis 7:4, 12). Cuarenta días pasa Moisés en la cima del Sinaí, recibiendo la Ley del Señor (Éxodo 24: 18). Y cuarenta fueron los días que pasó Jesús en esta tierra trabajando con sus discípulos, después de su resurrección, antes de su ascensión a los cielos (Hechos 1:3).[1]

El CUARENTA termina un ciclo y comienza otro

Este sentido cíclico del número CUARENTA lo descubrimos en otras culturas como la budista. En efecto, el número

CAPÍTULO QUINCE

CUARENTA se usa para marcar la terminación de un ciclo y el comienzo de otro. Pero no se trata de una repetición de hechos o realidades, sino de nuevas realidades, hechos o fenómenos que reviven como algo nuevo, representando un cambio radical y un paso a otro orden de acción y de vida. Buda y el profeta Mahoma comenzaron su predicación a los cuarenta años, que constituyeron los años de preparación para su misión, así como los cuarenta días de la «cuaresma» deben servir de preparación a los creyentes para la celebración del gran misterio pascual de la resurrección de Jesucristo.[2]

El CUARENTA entre los pueblos primitivos

Entre algunas tribus africanas, como los *péul*, los funerales duran cuarenta noches, cuando el muerto es un buey de más de veintiún años o un hombre de más de ciento cinco. Entre los bambara se ofrecen en sacrificio cuarenta cauríes, cuarenta caballos y cuarenta bueyes para la iniciación suprema del *Kamo*. (El caurí es un molusco de concha blanca y brillante, que se utilizó como moneda en la India y en África). La expresión «dos veces cuarenta» significa «cien», que en realidad representa una cantidad o duración «innumerable» o «indefinible».

El CUARENTA desempeñó papel importante en los rituales mortuorios de un buen número de pueblos. Solo a los cuarenta días consideraban que el cadáver se había desprendido totalmente de todo rastro de vida, para ser cadáver completo; es en este plazo que el cuerpo pierde todas sus almas. Si se celebran los funerales antes de los cuarenta días, se corre el peligro de estar enterrando a un «semimuerto», con todas las consecuencias. Por eso solo se levanta el duelo por el difunto después de cuarenta días de su muerte. Entonces se procede al rito de purificación, que deja a los parientes desligados de toda obligación.[3]

CAPÍTULO QUINCE

Entre varias tribus indígenas de la América ecuatorial y otros continentes, se practica «*el segundo enterramiento*». Este se puede hacer solo después de cuarenta días del primer enterramiento. Pasado este período, se desentierra el cadáver y se limpian los huesos cuidadosamente para colocarlos en su morada definitiva. Entre los miembros de la tribu de los altaicos, es en este día cuarenta cuando la viuda del difunto pronuncia la fórmula ritual: «*Ahora yo te dejo*». Y así queda libre para contraer segundas nupcias. Es también el día en que se realiza la purificación de la *yurta*. Esta costumbre nace de la creencia que considera el número cuarenta como representante de un ciclo de vida.

«Los CUARENTA», edad de la madurez

Es posible descubrir que la Biblia, sobre todo el Antiguo Testamento, considera los «años cuarenta» como la verdadera edad adulta y madurez humana. Un ejemplo entre muchos lo revelan: tanto Isaac como Esaú que se casaron a los cuarenta años (véanse Génesis 25:20; 26:34).[4]

Juan Jacobo Rousseau, famosos escritor y filósofo de origen suizo-francés del siglo XVIII, escribe a este respecto: «*Los **cuarenta** son, en mi opinión, la edad más conveniente para reunir todas las cualidades que se deben encontrar en un hombre de estado*».[5]

El derecho feudal francés estableció la llamada «cuarentena», período de cuarenta días durante los cuales el ofendido no podía vengar su injuria. Esta misma palabra se utiliza para designar el período prudencial que aísla a vehículos, plantas, animales o humanos sospechosos de tener una enfermedad contagiosa.

Otros significados del CUARENTA

En el mundo griego, el CUARENTA es un número redondo. Cuarenta años son un tiempo largo, a veces indefinido;

cuarenta días marcan un tiempo corto que también puede ser indefinido.

El CUARENTA puede también significar períodos específicos, por ejemplo: el primer movimiento de un niño en el vientre; la crisis en una enfermedad; y el período normal de una preñez (7 veces 40 días). El CUARENTA se usa con frecuencia dentro y fuera de la Biblia para indicar un ayuno largo, como el de Jesús, Elías, Moisés y Pitágoras. Hay un período de lluvias de cuarenta días en la mitología griega, y cuarenta días cuando las Pléyades (las siete hijas de Atlas) no se podían ver.[6]

SIGNIFICADO BÍBLICO

El CUARENTA, número completo de una generación
En la Biblia, CUARENTA años indican por lo general una generación. Por ejemplo, la generación del desierto (Éxodo 16:35; Deuteronomio 1:3, etc.). La generación del reino davídico, lo mismo que el salomónico (2 Samuel 5:4-5; 1 Reyes 11:42). Sumadas las generaciones de cuarenta en cuarenta, desde el éxodo hasta la construcción del templo, suman 480 años.[7]

También en la Biblia se le da al número CUARENTA la significación de una vida lograda y madura; aunque la vida humana más completa es de 120 años (tres veces cuarenta), como fue la de Moisés (véase Génesis 6:3).

Después del número SIETE, el CUARENTA adquiere gran importancia en el judaísmo posterior. Se utilizaba la cifra en la medicina popular y en la agricultura; de ahí pasó a representar diversos incidentes bíblicos, como la duración del diluvio universal, el ayuno y el tiempo perfecto para ejercer un cargo. Un discípulo rabínico alcanza madurez e independencia de criterio solo cuando cumple los cuarenta años de edad.

El CUARENTA y los «hechos de Dios»

El CUARENTA está asociado a casi todos los «hechos de Dios» en la historia de su pueblo. Estos se dan como un recomienzo de sus esfuerzos para sacar adelante sus planes de salvación, más que como un ciclo repetitivo del mismo hecho. Y casi todos están relacionados precisamente con sus propósitos «salvíficos». Enumeremos algunos: el diluvio, la liberación de Egipto, Elías y la era profética, la espera del Mesías y el nacimiento de la Iglesia.

Veamos más en detalle algunos de estos: cuarenta días con sus noches llovió en el Diluvio (Génesis 7:17); fue entonces cuando Noé despachó un cuervo para ver si había tierra seca (Génesis 8:6). Durante cuarenta años vivió Moisés en la corte del faraón (Hechos 7:23); y durante el mismo período de tiempo cuidó los rebaños de Madián (Hechos 7:30). Moisés ayuna cuarenta días y cuarenta noches en el monte Sinaí antes de recibir las tablas de la Ley (Éxodo 24:18; 34:28; Deuteronomio 9:9). Durante cuarenta años guía Moisés al pueblo en el desierto hacia la tierra prometida, por su incredulidad (Deuteronomio 8:2). Cuarenta días dura la exploración de los doce espías enviados a la tierra de Canaán (Números 13:25); y la oración de Moisés por su pueblo ante la amenaza de destrucción de Dios, que no resistía ya más su rebeldía (Deuteronomio 9: 25). El desafío irritante y persistente de Goliat contra el pueblo de Dios duró cuarenta días, hasta que apareció David (1 Samuel 17:16). La huida del profeta Elías hasta Horeb, después del sacrificio de cuatrocientos profetas de Baal en el monte Carmelo, duró cuarenta días (1 Reyes 19:8).[8]

En los contextos mesiánicos, la duración del reino mesiánico interino es de cuarenta años. En Qumrán, cuarenta son los años que pasan entre la aparición del Maestro de la Justicia y la llegada del reino divino. La literatura apocalíptica aplica una duración de cuarenta días al juicio del reino mesiánico, que debe durar cuarenta años. Así los años de Israel en el desierto se convierten en un tipo o paradigma mesiánico.

Leyes y castigos

El CUARENTA se emplea con frecuencia como número de castigo o duración de pena, que en el segundo caso pueden ser cuarenta días o cuarenta años. Ya hemos visto el caso del diluvio (Génesis 7: 4, 12, 17) y el de la peregrinación del pueblo en el desierto (Números 14:34). Cuarenta eran los azotes prescritos a los delincuentes. Las leyes prescribían a menudo un término de cuarenta días, como en el caso de los cuarenta días establecidos para la purificación de una madre judía, después del parto, si daba a luz un varón; si era hembra, su impureza duraba dos semanas y se debía purificar durante sesenta y seis días (Levítico 12:2b-5). Cuarenta días llevó sobre sí la iniquidad la casa de Judá. (Ezequiel 4:6). Dios castiga a Egipto durante cuarenta años. Cuarenta años fue por lo general el período alterno de servidumbre y de paz del pueblo de Israel, cuando desobedecía a Dios. (Véanse ejemplos en Jueces 3:11; 13:1).[9]

El CUARENTA en el Nuevo Testamento

CUARENTA es un número redondo en muchos pasajes, como Hechos 4:22; 23:13, 21. Pablo menciona en 2 Corintios 11:24 que recibió cuarenta latigazos menos uno: primera vez que se menciona la omisión del último golpe en la Biblia. Hebreos 3: 9, 17 y Hechos 13:18 evocan el juicio de Dios y su dirección durante el tiempo de la peregrinación de Israel en el desierto. Hechos 13:21 atribuye a Saúl cuarenta años de reinado; y Hechos 7:42 parece darle una interpretación negativa a Amós 5:25 en relación con las ofrendas y sacrificios ofrecidos por el pueblo a Dios durante su peregrinación en el desierto. Por último, Hechos 7:23 se refiere a los tres períodos de cuarenta años en la vida de Moisés.[10]

Jesús y el número CUARENTA

Al terminar su ayuno de cuarenta días con sus noches, Jesús fue tentado por Satanás en el desierto (Mateo 4:1-2; Marcos 1:12-13: Lucas 4:1-13). Parece que Jesús estaba siguiendo la tradición judía en cuanto al ayuno, porque fue este mismo período el que ayunaron Moisés y Elías (véanse Éxodo 24:18; 1Reyes 19: 8). Por otra parte, cuarenta días fue el tiempo que pasó Jesús con sus discípulos después de su resurrección: «*Después de padecer la muerte, se les presentó dándoles muchas pruebas convincentes de que estaba vivo. Durante* **cuarenta** *días se les apareció y les habló acerca del reino de Dios*» (Hechos 1:3).

En este y otros casos, el número cuarenta —y a veces el cuatrocientos— como en Hechos 5:36, pueden indicar una cantidad exacta o aproximada, según el contexto.

CAPÍTULO QUINCE

NOTAS

[1] Olivier Beigbeder. *Léxico de los símbolos*. Vol. 15. Madrid: Ediciones Encuentro, 1989. p. 341.

[2] Jean Chevalier y Alain Gheerbrant, *Diccionario de los símbolos*. Barcelona: Editorial Herder, 1995. pp. 378-79.

[3] Ibid.

[4] Gerhard Kittel y Gerhard Friedrich, *Compendio del diccionario teológico del Nuevo Testamento*. Grand Rapids: Libros Desafío, 2002. p. 1154

[5] Citado por Chevalier, *Op. cit.* p. 379.

[6] The *New International Dictionary of New Testament Theology*. Vol. II. Colin Brown, General Editor. Grand Rapids: Zondervan Publishing House, 1971. p. 696.

[7] Ibid. p. 697.

[8] *The Illustrated Bible Dictionary*. Part 1. Aaron-Golan. Inter-Varsity Press, Tyndale House Publishers, 1980. p. 1098.

[9] Milton S. Terry, *A Treatise on the Interpretation of the Old and New Testament*. Grand Rapids: Zondervan Publishing House. p. 383.

[10] Kittel, *Op. cit.* p. 1155.

CAPÍTULO DIECISÉIS

EL SETENTA

SIGNIFICADO GENERAL Y BÍBLICO

El número SETENTA (70), como otros múltiplos de SIETE (7): SETECIENTOS (700), SIETE MIL (7.000), etc., amplifican el significado de totalidad y universalidad del número primario (7).

Totalidad y perfección superlativa

Los múltiplos de los números primarios participan de su simbolismo y significado, incrementado por su magnitud o valor superior. Este es el caso del número SETENTA (70), múltiplo de SIETE (7) que, como hemos visto, es el número perfecto. En efecto, todos los derivados o múltiplos de SIETE (7) participan de esta idea de perfección o totalidad. Por ejemplo, las tradiciones turcas señalan que el SETENTA Y DOS (72) es solidario con el SETENTA (70), como el TREINTA Y SEIS (36), lo es con la mitad del SETENTA, que es TREINTA Y CINCO (35), por su vecindad. SETENTA (70), como décuplo (diez veces) del SIETE (7), significa perfección en grado superlativo, es decir, doblemente perfecto y aún más, «diez veces perfecto».[1]

El setenta y dos participa del simbolismo del SETENTA, pero agrega la significativa característica de que es múltiplo de nueve números: 2, 3, 6, 8, 9, 12 y 36. Pero, además, su valor se extiende a ser media docena (una media gruesa); es además ocho novenas: 8 x 9; y sobre todo es la quinta parte de 360, es decir, un quinario o quinta parte del zodíaco.

SETENTA Y SIETE (77) y «*setenta veces siete*» se imponen por sí mismos. Y cuando Jesús usa la expresión para indicar las veces que hay que perdonar (Mateo 18:22), está diciendo sencillamente que hay que perdonar «siempre», «todas la veces», utilizando el concepto del SIETE como el número completo o perfecto elevado a la máxima potencia. La contraparte negativa de este mandato del perdón del Maestro la tenemos representada en el depravado anuncio de venganza de Lamec, hijo de Matusalén, quien dijo a sus mujeres Ada y Zila:

> «*¡Escuchen bien, mujeres de Lamec!*
> *¡Escuchen mis palabras!*
> *Maté a un hombre por haberme herido,*
> *y a un muchacho por golpearme.*
> *Si Caín será vengado* **siete** *veces,*
> **setenta y siete veces** *será vengado Lamec*»
> (Génesis: 4:23-24).

Lamec tuvo el dudoso privilegio de ser el primero en introducir en el mundo la poligamia y la venganza. Del mismo concepto de plenitud participan los llamados «números perfectos» o «números completos»: 700, 7.000, 70.000.[2]

El SETENTA en otras culturas

Según un célebre *hadith* (narración tradicional que se refiere a un dicho o hecho del profeta Mahoma), el Profeta ha declarado: «*Después de mí, mi comunidad (umma) se dividirá en 73 sectas, de las cuales 72 perecerán y una se salvará*» (Masm, 137).

Otro *hadith* alude a las setenta y dos enfermedades. El Profeta dijo a Alí: «*Comienza y termina tus comidas con sal, pues es un remedio contra los 72 males*».[3]

CAPÍTULO DIECISÉIS

Entre los chiitas se da uso frecuente y preferencial al número SETENTA Y DOS. He aquí algunos ejemplos de sus libros y narraciones: el *Imama Hozayn* perece de sed con setenta y dos compañeros de los cuales diecinueve son de la familia de Alí, el yerno de Mahoma, casado con su hija Fátima. Hay setenta y dos testigos en el *taziye*, obra de teatro religiosa equivalente a los conocidos «misterios», piezas teatrales de la Edad Media. El *sentur* (salterio) persa tiene setenta y dos cuerdas (tres por cada nota).

Avanzando más en la historia, según Commines, Felipe el Bueno de Borgoña, al imponer a las gentes de Gante el tratado de Gavre (24 de julio de 1453), arrebató a las corporaciones de artesanos el derecho a llevar banderas. Estas eras setenta y dos.[4]

El SETENTA y sus múltiplos en la Biblia

El uso del *septenario* (7), sus múltiplos y derivados es abundante en la Biblia. Como ya lo hemos dicho, el siete, multiplicado o elevado a distintas potencias, DIEZ veces (70), CIEN veces (700), etc., sirve para designar superlativamente la totalidad de lo real e incluso de lo posible. Para Agustín de Hipona, SETENTA (o décuplo septenario) corresponde a la totalidad de una evolución, cuando un ciclo evolutivo se ha terminado y perfeccionado por completo. «*Cuando el Señor ponga una venda en la fractura de su pueblo y sane las heridas que le causó, brillará la luna como el sol, y será la luz del sol **siete veces** más intensa, como la luz de **siete días enteros***» (Isaías 30:26).

Lo que el profeta Isaías describe aquí es la prosperidad futura de Israel que será incomparablemente mayor que la pasada, ya que su fuente, la luz del sol, habrá sido multiplicada indefinidamente siete veces; es decir en un grado superlativo.

El número SETENTA (70) indica siempre en la Biblia la **universalidad**. En los capítulos 10-11:9 del Génesis, cuyo título es «*Las naciones de la tierra*», se habla de los setenta (70) pueblos que fueron dispersados por toda la tierra tras la construcción sacrílega de la torre de Babel, falta que tuvo consecuencias para toda la humanidad.

El número SETENTA es también notable por representar la totalidad de los descendientes (hijos) de Jacob. Véase Génesis 46:27: «*José tenía dos hijos que le nacieron en Egipto. En total los familiares de Jacob que llegaron a Egipto fueron setenta*». (Véanse además Éxodo 1:5; Deuteronomio 10:22.)

Para la ratificación del pacto, Dios le pidió a Moisés subir al monte con Aarón, Nadab y Abiú, y *setenta* (70) ancianos de Israel (Éxodo 24:1). Es decir, una representación completa del pueblo. (Véase además Números 11: 24.)

El exilio babilónico debía durar setenta años (Jeremías 25:11). Después de estos setenta años, Dios promete castigar al rey de Babilonia y a los caldeos, y «*los convertirá en desolación perpetua*» (Jeremías 25:12; Daniel 9:1-2).[5]

Según Lucas 10: 1 ss. Jesús envió a setenta y dos discípulos en una misión, además de los doce. El número sugiere la universalidad de la misión. Quizá sigue el modelo de los setenta de Números 11:16, donde Moisés nombra, por orden de Dios, setenta ancianos que representen la comunidad. El Sanedrín constaba de setenta y un miembros; en Jerusalén regían setenta ancianos y Josefo nombró en Galilea el mismo número. Al adoptar Jesús este número, es bien probable que estaba significando la universalidad de su misión, que, según Mateo 21:43, debía extenderse a los gentiles, incluyendo recaudadores de impuesto o publicanos, y las prostitutas, que eran los gremios más despreciados entre los judíos.[6]

Las SETENTA semanas

Al aproximarse el fin de los setenta años de la cautividad babilónica profetizados por Jeremías (29:10), el profeta Daniel describe el futuro de Jerusalén y de Israel (Daniel 9:20-27). Este futuro comprende tres grupos o períodos cronológicos: (1) un período de SIETE semanas, (2) otro de SESENTA Y DOS semanas, y (3) un período final de UNA semana. Se trata de semanas de años. La opinión de un buen número de expertos coloca a Daniel y a su profecía en tiempos de Antíoco, según se puede deducir de innumerables datos y del análisis textual, histórico y literario de su escrito. Y se le ocurre aplicar la profecía de Jeremías con relación a la liberación del cautiverio babilónico (Jeremías 29: 2-12), especialmente el versículo 10, a la situación que está viviendo Israel, en su tiempo. Para ello aplica el esquema de *septenios* (períodos de siete años), y *jubileos*, a las cifras que da Jeremías. Le salen diez jubileos o setenta septenios o cuatrocientos noventa años. Son estas cifras las que Daniel divide en las tres etapas que hemos visto arriba, a saber: (1) hasta la vuelta de Babilonia: siete septenios; (2) dominio persa y griego: sesenta y dos septenios; (3) dominio de Antíoco, un septenio, dividido en dos mitades. Podemos comparar los septenios, identificándolos con las posibles fechas:

Primera etapa - comienzo: se pueden dar tres opciones: años 604-556 a.C. (Jeremías 25) = 49 años; o años 594-546 a.C. (Jeremías 29) = 49 años; o años 586-538 a. C (Jeremías 39; 2 Crónicas 36:20) = 49 años. Duración: 49 años (Daniel 9). En los tres casos, la suma de años es aproximadamente de 49.

Segunda etapa - la vuelta o regreso: desde el año 538 (liberación de Babilonia), hasta el año 167, consagración o unción del príncipe elegido (Daniel 9: 25-26), que podría ser, según muchos comentaristas, el sumo sacerdote Josué (véase Zacarías 3). El lapso o duración de esta etapa es de 434 años (Daniel 9).

CAPÍTULO DIECISÉIS

Tercera etapa - Antíoco IV Epifanes, rey: año 175 a. C. (1 Macabeos 1:10). Media semana; hasta 167, profanación del templo (véase 1 Macabeos 1:54) = 3 años y medio (media semana). Y año 164, consagración del templo (véase 1 Macabeos 4:52) = 3 años y medio (media semana).

Todo el evento profético da, según Daniel, 490 años; pero según otros cálculos, podrían ser 440, 430 y hasta 422 años. Puede verse que hay mucho debate al respecto, y que muchos afirman que en estricto cálculo cronológico, es imposible ser exactos. En el libro extra-canónico de Enoc, capítulos 89-90, se calculan, desde la destrucción del templo hasta la era macabeica, setenta septenios repartidos así: destierro, 12; era persa, 23; era ptolomea, 23; era seléucida, 12.[7]

Ante las dificultades de cuadrar la cronología y llegar a números exactos, muchos comentaristas y aun escuelas de exégesis bíblica prefieren dar una interpretación simbólica al pasaje sin tener que entrar en detalles numéricos. El fin del mensaje apunta a la segunda venida del Mesías (Mateo 24:15-16). En realidad, este pasaje y el mismo Jesús favorecen la interpretación paradigmática y simbólica. Jesús mismo se negó siempre a entrar en cronologías y cálculos exactos. Su mensaje fundamental escatológico es: «*Hay que estar siempre alertas y preparados*» (véanse Mateo 24: 44; 25:10; Lucas 12: 40).

En conclusión, los números se prestan a múltiples operaciones, especulaciones e interpretaciones. Así, corriendo los términos de partida y llegada, invirtiendo grupos, y con otros medios, muchos autores sacaron sus cómputos y aplicaciones matemáticas de las cifras de Daniel. Los judíos, por ejemplo, llegaron hasta la destrucción del templo por los romanos, año 70 d. C.; algunos cristianos se fijaron en la muerte de Cristo, convencionalmente en el año 30-33 d.C. Sin embargo, para muchos tiene mucho más valor la actitud de Jesús y del Evangelio de no entretenerse en cómputos

CAPÍTULO DIECISÉIS

exactos y atenerse mejor al mensaje de la profecía que nos habla de la justicia definitiva de Dios; que Dios está en control de todos los acontecimientos de la historia, y que a su debido tiempo sus planes se impondrán, por lo que debemos vivir una vida de esperanza y confianza, y de preparación permanente para la segunda venida del Mesías.

NOTAS

[1] Jean Chevalier y Alain Gheerbrant, *Diccionario de los símbolos*. Barcelona: Editorial Herder, 1995. p. 938.
[2] Gordon J. Wenham, *World Biblical Commentary*, Vol. I. Genesis 1-15. Waco: World Books Publishers, 1987. p. 114.
[3] Chevalier, *Op. cit.* p. 934.
[4] Ibid.
[5] Milton S. Terry, *A Treatise on the Interpretation of the Old and New Testament*. Grand Rapids: Zondervan Publishing House. p. 385.
[6] *The New International Dictionary of New Testament Theology*. Vol. II. Colin Brown, General Editor.Grand Rapids: Zondervan Publishing House, 1971, pp. 696-697.
[7] Raymond E. Brown et al. *Comentario bíblico «San Jerónimo»*, Vol. II. Madrid: Ediciones Cristiandad, 1986 p. 317.

CAPÍTULO DIECISIETE

EL CIEN

SIGNIFICADO GENERAL Y BÍBLICO

CIEN (100) puede ser un número perfecto, aunque parcialmente, como parte de un todo.

El número CIEN

El CIEN, en términos generales, forma parte de un todo; pero es un todo en sí mismo. O, como otros dirían, «cien es una parte que forma un todo en el todo». Es un microcosmos en el macrocosmos que distingue e individualiza a una persona, un grupo o una realidad cualquiera dentro de un conjunto. Y esta realidad o entidad, así individualizada, posee propiedades distintivas que la revisten de eficacia particular en un conjunto más amplio y extenso. Por eso podemos afirmar que el número CIEN individualiza la parte de un todo; todo que, a su vez, no es en sí mismo más que una parte de un conjunto más grande.

Unos ejemplos pueden ilustrar y clarificar este concepto abstracto que parece un poco complicado. La poesía persa, galante o romántica dice de una mujer hermosa, que es «a la vez bella y dotada de todas las cualidades que tienen **cien** cabellos». Es una forma de afirmar que su belleza es completa en sí misma, individualmente considerada, aunque hay otras, que sin ser iguales a ella, pueden tener también la belleza de «**cien** cabellos». Los chinos afirman que «una doctrina tiene **cien** flores» para significar que es «completa»

CAPÍTULO DIECISIETE

y aceptable como tal, y no necesariamente para atribuirle determinado número de cualidades. Un gran jefe pide cien hombres para reunir una fuerza dotada de todas las capacidades que le permitan alcanzar su objetivo.[1]

Los múltiplos de CIEN

Los múltiplos de CIEN (100) añaden a este concepto particular de la individualización las características del multiplicador. Por ejemplo, los incas disponen de cuatrocientos guerreros en la fiesta de la Luna que llaman *Coya Raimi*, y la celebran desde el 22 de septiembre al 22 de octubre. Los cuatrocientos guerreros se distribuyen en brigadas de a cien hombres, en cada esquina de la plaza cuadrada del Templo de Coricancha. Cada grupo de cien parte en la dirección señalada por su lado, cubriendo los cuatro puntos cardinales; su objetivo es neutralizar y expulsar los males y las enfermedades. Los cuatro puntos de donde parte representan los cuatro costados del Universo; cada uno de estos puntos está cubierto y protegido por completo por la brigada de los cien guerreros que le corresponde; aunque el total de los mismos está constituido por 100 x 4 = 400, que, como un todo, protegen la totalidad de la tierra o territorio.[2]

El número CIEN en las antiguas tradiciones

El CIEN aparece asociado misteriosamente a ciertos objetos para reforzar su utilidad y poder. Por ejemplo, los zapatos y el bastón. Se habla de «las botas de las **cien** leguas», que en las historietas y cuentos permiten al héroe de la historia andar a gran velocidad sin cansarse. Cuando se quiere reforzar la unidad y el poder, se multiplica el número UNO por CIEN y nacen los conceptos de «el consejo de los **cien**» de Cataluña, primer parlamento democrático que se conoce en la cristiandad, que reflejaba la unidad del reino.[3]

Este concepto de DIEZ y CIEN, que forma un conjunto completo dentro de otro más completo, se ve en las formaciones de los ejércitos, a las que no es ajena la Biblia: uno entre muchos ejemplos que podríamos citar es el de Jueces 20:10-11, que narra la guerra de israelitas y benjaminitas:

> *De entre todas las tribus de Israel, tomaremos a **diez** hombres de cada **cien**; a **cien** de cada **mil**, y a **mil** de cada **diez mil**, para conseguir provisiones para el ejército...Así que todos los israelitas, como un solo hombre, unieron sus fuerzas para atacar la ciudad.*

El CIEN en las Escrituras

El número CIEN participa de la calidad de perfección, como número completo, que tiene el número DIEZ. Cuando no se ha completado esa cifra, algo falta y el conjunto no es ni completo ni perfecto. Jesús utilizó esta noción en sus discursos y parábolas. Por ejemplo, cuando habló en Mateo 18:12-13, en la parábola de la oveja perdida, que debe ser recuperada. Vale la pena leer todo el pasaje:

> *«¿Que les parece? —dice Jesús— Si un hombre tiene **cien** ovejas y se le extravía una de ellas, ¿no dejará las noventa y nueve en las colinas para ir en busca de la extraviada? Y si llega a encontrarla, les aseguro que se pondrá más feliz por esa sola oveja que por las noventa y nueve que no se extraviaron. Así también, el Padre de ustedes que está en el cielo no quiere que se pierda ninguno de estos pequeños».*

El Evangelio de Lucas (15:4-7) narra la misma parábola con algunas variantes; y la coloca en cabeza de los oyentes:

> *«Supongamos que alguno de ustedes tiene **cien** ovejas y pierde una de ellas... Y cuando la encuentra,*

lleno de alegría la carga en los hombros y vuelve a la casa. Al llegar, reúne a sus amigos y vecinos, y les dice: "Alégrense conmigo; ya encontré la oveja que se me había perdido". Les digo que así es también en el cielo: habrá más alegría por un solo pecador que se arrepienta, que por noventa y nueve justos que no necesitan arrepentirse».[4]

CIEN años de edad

El CIEN y sus múltiplos se usan también cuando indican la edad del padre al engendrar a su hijo para enfatizar el poder de Dios, que obra para producir resultados que parecían humanamente imposibles. Se pueden entender así las indicaciones de edad de muchos de los patriarcas y siervos de Dios, como por ejemplo: Sem, que engendró a su hijo Arfaxad, «*cuando tenía* **cien** *años*» (Génesis 11:10).[5] Abraham se rió y Sara se burló, al anunciárseles que él tendría un hijo a los cien años de edad y Sara a los noventa (Génesis 17:17; 18:10-16). Adán vivió 930 años, tuvo a su hijo Set a los ciento treinta, y después de él tuvo otros hijos e hijas (Génesis 5:3-5). Set, Jared, Matusalén y Lamec, entre otros, tuvieron hijos cuando pasaban ya los cien años.[6]

NOTAS

[1] Jean Chevalier y Alain Gheerbrant, *Diccionario de los símbolos*. Barcelona: Editorial Herder, 1995. p. 285.
[2] Yves Bonnefoy, *Diccionario de las mitologías*. Vol. I-VI. Barcelona: Limpergraf, 1997. p. 338.
[3] Chevalier, *Op. cit.* p. 285.
[4] Manfred Lurker, *El mensaje de los símbolos*. Mitos, culturas y religiones. Barcelona: Editorial Herder, 1992. p.149.
[5] Gordon J. Wenham, *World Biblical Commentary*, Vol. I. Genesis 1-15. Waco: World Books Publishers, 1987. pp. 249-250.
[6] Ibid. pp. 126-127.

CAPÍTULO DIECIOCHO

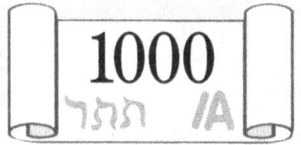

EL MIL

SIGNIFICADO GENERAL Y BÍBLICO

*MIL (1000) indica por lo general,
un gran número incontable: multitud.
Por eso puede indicar una duración larga,
indeterminada: longevidad.*

El MIL, número de la cantidad indefinida

Cuando se trata de una cantidad alta y abundante como un número indefinido e innumerable de personas o de años, se utilizan el número MIL (1000) y sus múltiplos. Así los días del árbol de la vida son de MIL años. Y según el Salmo 90:4, para Dios, «*mil años... son como el día de ayer, que ya pasó; son como unas cuantas horas de la noche*» (Véase 2 Pedro 3:8.) Adán habría vivido mil años, pero por su falta murió más pronto; murió a los 930 años (véase Génesis 5: 5).

La doctrina del milenarismo, siguiendo una tradición judeocristiana, le da a la vida del paraíso una duración de mil años, interpretación que muchos exegetas rechazan. El caso es que muchos atribuyen al número MIL un significado paradisíaco de inmortalidad y felicidad.[1]

El uso griego del término «MIL»

En griego, MIL es *kilioi* y ya se usaba en tiempos de Homero, sea como una cifra sola y exacta o en combinación con otros números antes o después. En griego el término es siempre singular, lo mismo que los sustantivos que identifica. Por ejemplo, «*mil caballo*», «*mil casa*». El prefijo *kili* es muy común, utilizado para formar otras palabras. Por ejemplo, *kilietés* es la palabra que el filósofo Platón usa para significar «el viaje del alma». *Kiliárkos* es el jefe de un millar de hombres. Los múltiplos de mil llevan la cifra correspondiente al frente; así DOS MIL (2000) = *diskílioi*. La palabra *kiliás* denota un «millar», y el plural, *kiliádes*, puede indicar un número incontable.

El MIL en el Antiguo Testamento

El número MIL es de uso frecuente en la cultura judía, que dio origen al Antiguo Testamento. No menos de doscientas cincuenta veces se utiliza en este, con más frecuencia cuando se dan listas de números, como es el caso de Números 1:21. También en el Antiguo Testamento se utiliza para denotar grandes cantidades. Por ejemplo, en Éxodo 20:6, donde Dios agrega a su prohibición de fabricar ídolos, la promesa de su «*amor por **mil** generaciones*» a quienes le «*aman y cumplen sus mandamientos*». En Daniel 7:9-10 se describe la visión del trono celestial, en el que está sentado «*un venerable Anciano*»: «*De su presencia brotaba un torrente de fuego.* **Miles y millares** *le servían;* **centenares de miles** *lo atendían*».

El número MIL en la literatura apocalíptica judía

La literatura apocalíptica judía bíblica y extra-bíblica utiliza abundantemente el número MIL para indicar cantidades de huestes celestiales, hombres y toda clase de realidades vivientes. Esta literatura es más amplia y abundante en los libros apócrifos o extra-canónicos que en los libros canónicos. Por ejemplo, el libro de **Enoc-Etíope** nos presenta repetidamente huestes innumerables de miles de ángeles (14:22; 40:1). Este mismo libro habla de que «*los justos procrearán* **millares** *de hijos*» (10:7); y «*las vides producirán* *vino al **mil por uno**»* (10:19). Conceptos y expresiones parecidas las encontramos en el libro de **Baruc-Siríaco** (20:5).²

Se menciona algunas veces la idea de *una semana cósmica de larga duración*, lo que da origen a la teoría de que el mundo va a durar siete mil años; y que en el octavo milenio aparecerá un nuevo EON. (Véase el libro de **Enoc Eslovónico** 33:1.) Otra teoría es que el mundo durará seis mil años: dos mil de ellos sin la ley, dos mil con la ley, y los últimos dos mil serán la era del Mesías. Aquí las interpretaciones se multiplican, porque los milenaristas piensan que la era del Mesías es solo de mil años, interpretando literalmente a Isaías 63:4, y sobre todo a Apocalipsis 20:2 y 4.³ Isaías 63:4 habla de «*el día de la venganza*» y del «*año de mi redención*», aunque no menciona nada de «mil» o «milenio». Por otra parte, Isaías 24:21-22 que también habla del día del juicio al que precede un tiempo de encierro y castigo, menciona no «mil años», sino «muchos días», lo que coincide con la interpretación de «mil» como un período de largo tiempo.

Los moradores de Qumrán, que muchos identifican con la secta judía de los esenios, y que vivieron en este lugar cercano al mar Muerto por más de doscientos años, hasta el año 68 de nuestra era, le dieron mucha importancia y uso al número MIL. La comunidad estaba organizada a la manera militar por millares, con un líder al frente de cada grupo de mil. Los obedientes a la Ley del Señor gozaban de las promesas de Isaías 7:9 ss., incluyendo la de vivir por mil generaciones. Los qumranitas fueron los responsables de los centenares de manuscritos bíblicos y extra-bíblicos encontrados en cuevas del desierto de Judea, a partir de 1947. Algunos de estos manuscritos datan del siglo III a.C., y han permitido avances significativos en el conocimiento y reconstrucción del texto del Antiguo Testamento.⁴

CAPÍTULO DIECIOCHO

El número MIL en el Nuevo Testamento

En el Nuevo Testamento se usa *kilio* o *kiliás* con significación matemática, aunque se presume que no siempre exacta. Y muchas veces en sentido más que todo figurado, que enfatiza los conceptos de tiempo y eternidad; el tiempo de Dios y el tiempo del hombre, como en el Salmo 90:4: «*...para el Señor un día es como **mil** años y **mil** años como un día*».(Véase 2 Pedro 3:8.)

A Marcos 5:13, que habla de los cerdos que eran «*unos dos mil*» poseídos de demonios, y a Hechos 2:41; y 4:4, donde se habla que se unieron a la Iglesia como unos **tres mil** y **cinco mil**, podemos aplicar el criterio de mil como una cifra aproximada, no exacta. Por eso versiones modernas de la Biblia, como la *Nueva Versión Internacional*, utilizan delante de estos números la palabra «*como tres mil*», «*unos dos mil*», «*unas tres mil personas*», etc. Lo mismo podríamos decir de los siguientes pasajes: Marcos 6:44, donde Jesús da de comer **como a** cinco mil personas; y 8:9, donde son cuatro mil. Hechos 21:38, que dice que se fueron al desierto detrás del guerrillero egipcio «*como cuatro mil hombres*»; Romanos 11:4, donde Pablo afirma que **cerca de** siete mil se negaron a doblar la rodilla delante de Baal (1 Reyes 19:18). En este caso, el SIETE tiene además la connotación de «plenitud». En realidad, estos SIETE mil representan al «remanente» de fieles a Dios y a su Ley. Por último, podemos citar 1 Corintios 10:8, que menciona que **unos** veintitrés mil cayeron en el desierto. Todas estas son cantidades aproximadas que enfatizan la noción de multitud o gran cantidad de personas, pero que nadie las contó una por una. Otro tanto puede decirse de Lucas 14:31, que pregunta si un rey podrá hacerle frente con diez mil hombres a otro que viene a atacarlo con veinte mil. Son cantidades hipotéticas usadas por el Señor para enfatizar la dureza del ministerio y las dificultades que encontrarán sus discípulos, si quieren seguirlo fielmente.[5]

CAPÍTULO DIECIOCHO

El MIL, número escatológico y apocalíptico

En la literatura apocalíptica, el MIL participa del significado misterioso que tienen los números en la misma. Por ejemplo, en Apocalipsis 5:11 se refiere a los millares y millones que alaban a Dios; y en 7:4 ss se mencionan «*los sellados*», que son 144.000; es decir 12 x 12, que representan a los redimidos del pueblo de Dios, tanto del Antiguo (doce tribus) como del Nuevo Testamento (representados por los doce apóstoles). A la cifra de 144 de 12 x 12 se le agregan los tres ceros (000) de MIL que indican multitud incontable. La inclusión en los 144.000 de los redimidos de los dos Testamentos, y de judíos y gentiles seguidores de Cristo, se ve más clara en la explicación que Juan da a continuación en los versos 9-17. En 11:3 y 12:6 se mencionan los 1.260 días (42 meses, o tres años y medio), que indican un período de prueba y aflicción intenso pero corto. **Tres y medio**, como mitad de SIETE, que es el número completo, indica un número o período *limitado*. Es decir, que va a pasar, por lo que no debemos desesperarnos.[6]

El MIL, número superlativo de multitudes

El número MIL aparece veintiocho veces en el Apocalipsis. Aunque se trate de una cifra redonda, no siempre significa una cantidad exacta. Por lo general designa «multitud», y se usa con mucha libertad en la Biblia. En los dos primeros capítulos del libro de Números, las cifras de miles abundan. Para resaltar las proezas de David se utilizan cifras hiperbólicas, que son más simbólicas que exactas. Versiones tradicionales más literalistas, como la *RVR*, traducen 1 Samuel 18:7: «*Saúl hirió a sus miles y David a sus diez miles*».

Versiones modernas, como la *Nueva Versión Internacional (NVI)*, traducen más el significado o sentido simbólico: «*Saúl destruyó a un ejército, ¡pero David aniquiló a diez!*»

CAPÍTULO DIECIOCHO

En uno u otro caso no podemos afirmar que se hayan calculado matemáticamente las unidades. Lo que sí es evidente, es la intención del escritor de dar una idea de grandeza. Hablar, pues, de millares es hablar de un gran número, de una multitud.

Como ya lo hemos afirmado en varias partes de este libro, hay una manera bíblica de contar que no es exactamente la ordinaria de un matemático que usa los números en su valor exacto, y solo para sumar, restar, multiplicar o dividir. Esto es verdad en toda la Biblia, pero mucho más evidente e importante en la literatura apocalíptica, en la cual los números, en gran parte, son símbolos. Juan los utiliza de esta manera en buena parte de su libro del Apocalipsis. Así, por ejemplo, en 5:11: «*Luego miré, y oí la voz de muchos ángeles que estaban alrededor del trono, de los seres vivientes y de los ancianos. El número de ellos era **millares de millares y millones de millones***».

En el mismo sentido de multitud interpretan muchos eruditos bíblicos los **ciento cuarenta y cuatro mil** del capítulo siete y los MIL años del capítulo 20. En todos estos y muchos más casos, la cifra MIL desempeña una función de superlativo, y se le podría traducir por «*muchos*» o por «*un gran número*».[7]

El milenio

La interpretación del pasaje de Apocalipsis 20:1-10, que describe un período de mil años conocido como «el milenio», en el que Satanás será amarrado y los santos reinarán con Cristo antes del juicio final, ha dividido a la cristiandad desde muy temprano en su origen. Se han creado las diversas tendencias interpretativas. Los *amilenaristas* consideran el milenio como un símbolo de la era de la gracia que estamos viviendo, después de la muerte y resurrección de Jesucristo. Es la era de la Iglesia, cuando Satanás ya no tiene un poder absoluto sobre los creyentes redimidos por la san-

CAPÍTULO DIECIOCHO

gre del Cordero. Realmente Satanás está amarrado por el poder de Cristo, quien con su muerte y resurrección nos ha conseguido la victoria definitiva sobre las huestes infernales y los poderes satánicos. (Véase Mateo 12:24-29.) Ahora lo único que nos queda es apropiarnos de los méritos de Cristo para tener la seguridad de nuestra salvación y esperar confiados su segunda venida. Los *postmilenaristas* colocan el milenio como un período futuro de tiempo, anterior a la venida de Cristo. El *premilenarismo* piensa que el milenio se dará entre la segunda venida de Cristo y el juicio final. Será un período de gran acogida al Evangelio en el que Cristo reinará con sus elegidos. Muchos, siguiendo la tradición judía, enfatizan el aspecto materialista de este período.

Son muchos los autores y comentaristas bíblicos que no le dan mucha importancia al milenio. Observan el poco respaldo de textos bíblicos que esta doctrina tiene. En realidad, no hay ningún otro pasaje en las Escrituras que hable explícitamente del milenio sino este del Apocalipsis. Arguyen que la tradición de la iglesia cristiana, representada por un buen número de los padres de la Iglesia, y la interpretación que el mismo Nuevo Testamento da a las profecías mesiánicas, se encaminan, más que a un evento intermedio entre la primera y segunda venida de Cristo, a la obra redentora realizada ya por Jesucristo con su muerte y resurrección, obra que tendrá su culminación final con su segunda venida. Otros opinan que el objetivo fundamental de la esperanza cristiana que nos inculca la Biblia, y de manera especial el libro de Apocalipsis, no es el del milenio sino el de la nueva Jerusalén, la nueva creación, el cielo nuevo y la tierra nueva que nos describe Apocalipsis 21.[8]

Después vi un cielo nuevo y una tierra nueva, porque el primer cielo y la primera tierra habían dejado de existir, lo mismo que el mar. Vi además la ciudad santa, la nueva Jerusalén, que bajaba

CAPÍTULO DIECIOCHO

del cielo, procedente de Dios, preparada como una novia hermosamente vestida para su prometido. Oí una potente voz que provenía del trono y decía: «¡Aquí entre los seres humanos, está la morada de Dios! Él acampará en medio de ellos, y ellos serán su pueblo; Dios mismo estará con ellos y será su Dios. Él les enjugará toda lágrima de los ojos. Ya no habrá muerte, ni llanto, ni lamento, ni dolor, porque las primeras cosas han dejado de existir.» (Apocalipsis 21:1-4)

NOTAS

[1] *The New International Dictionary of New Testament Theology.* Vol. II. Colin Brown, General Editor. Grand Rapids: Zondervan Publishing House, 1971. pp. 697-98.

[2] Milton S. Terry, *A Treatise on the Interpretation of the Old and New Testament.* Grand Rapids: Zondervan Publishing House. p. 390.

[3] Jean-Pierre Prévost, *Para leer el Apocalipsis.* Estella, Navarra: Editorial Verbo Divino, 1994. p. 50.

[4] J. D. Douglas et al., *New Bible Dictionary.* Leicester: Inter-Varsity Press, 1993. pp. 348-50.

[5] Raymond E. Brown et al., *Comentario bíblico «San Jerónimo»*, Vol. II. Madrid: Ediciones Cristiandad, 1986. pp. 699-70.

[6] Gerhard Kittel y Gerhard Friedrich, *Compendio del diccionario teológico del Nuevo Testamento.* Grand Rapids: Libros Desafío, 2002. pp. 1302-03.

[7] Gleason L. Archer, *Enciclopedia of Bible Dificulties.* Grand Rapids: Zondervan Publishing House, 1982. pp. 436-43.

[8] Jean-Pierre Prévost, *Op. cit.* pp. 115-26.

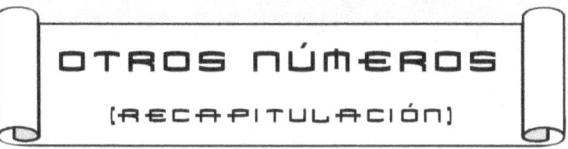

CAPÍTULO DIECINUEVE
OTROS NÚMEROS
(RECAPITULACIÓN)

Significado literal y simbólico de los números

Hemos llegado al capítulo final de este libro y parece pertinente resumir, aun con el riesgo de repetir algunos de los conceptos ya expresados, los diferentes significados que los números tienen, especialmente en la Biblia, y mencionar algunos números sueltos que no se estudiaron en los capítulos anteriores.

Hemos aprendido que los números deben tratarse con cuidado en la Biblia, por los variados usos y significados que tienen. Se utilizan frecuentemente en su sentido literal para contar, sumar y representar cantidades específicas. Este sería su uso matemático que puede representar cantidades o magnitudes indeterminadas, como en Mateo 10:30; Hechos 11:21; Romanos 9:27; o cantidades exactas y determinadas, como en Eclesiastés 4:9; Marcos 6:7; 10:8; Mateo 26:20; Lucas 2:42; Mateo 25:2; Lucas 17:17. Pero al considerar números como el que nos da Apocalipsis 13:17-18, el seiscientos sesenta y seis (666), que Juan identifica como «*el número de la bestia*», entramos ya al terreno de los números sagrados, cuyo sentido es más que todo simbólico. Por este camino llegamos a la convicción de que los números en la Biblia en muchas ocasiones están revestidos de potencia y simbolismo; y Dios, autor del libro sagrado, los usa para trasmitir mensajes poderosos, frecuentemente misteriosos y ciertamente de mayor significado y trascendencia que el que puede darnos el mero sentido matemático. Por otra parte, aunque los números tengan un significado y sim-

CAPÍTULO DIECINUEVE

bolismo bastante uniforme a través de toda la Biblia, podemos percibir, sin embargo, algunos matices o énfasis en su significado, según la parte de la Biblia en que se usan. Es así como podemos detectar ciertas diferencias o énfasis entre el uso de los números en el judaísmo y el Antiguo Testamento, en relación con el Nuevo Testamento; y aun en el Nuevo Testamento notaremos algunos matices diferentes en los Evangelios, en las Cartas y en la literatura apocalíptica. Con todo, se mantiene una línea de semejanza y consistencia en toda la Biblia que se puede explicar por el hecho de que todos los autores de la Biblia son judíos, y el contenido del texto bíblico tiene una continuidad y cierta unidad orgánica. Si hay diferencias, son más que todo de énfasis en uno u otro sentido, de los muchos sentidos que cada número puede representar. Quizás la mejor manera de verlo es regresar a algunos números que ya hemos estudiado, y señalar algunos ejemplos a manera de complementación y recapitulación.

Otra vez los números UNO, DOS y TRES

El UNO indudablemente es el número representativo de la divinidad. Juan, uno de los escritores más judíos del Nuevo Testamento, enfatiza esta unidad en su Evangelio, hablando del creyente y de la comunidad cristiana, en cuanto posee el espíritu y participa de la unidad que reina entre el Padre y el Hijo. Es Jesús el que perfecciona esta unidad con su muerte y redención, según lo explica Juan 11:52: «*reúne en **uno** (en el uno) a los hijos de Dios que estaban dispersos*»; o como traduce la *Nueva Versión Internacional*: «*para congregarlos y unificarlos*». Fue este el deseo más ardiente de Jesucristo, expresado en su oración sacerdotal en la Santa Cena:

> *No ruego sólo por estos. Ruego también por los que han de creer en mí por el mensaje de ellos,* ***para***

CAPÍTULO DIECINUEVE

que todos sean uno. Padre, así como tú estás en mí y yo en ti; permite que ellos también estén en nosotros, para que el mundo crea que tú me has enviado. Yo les he dado la gloria que me diste, para que sean uno, así como nosotros somos uno (Juan 17:20-22).

Pero el UNO puede también expresar exclusividad, primacía, excelencia, sobre todo si se utiliza bajo el concepto de *«primero»: «Yo soy el Primero y el Último...»* (Apocalipsis 1:18). Véase además Apocalipsis 2:8; 22:13.

El número DOS se menciona ciento treinta y cinco veces sólo en el Nuevo Testamento. Es la mínima expresión de pluralidad, que señala alternativas o contrastes. (Véanse, por ejemplo, Mateo: 6: 24; 21:28; 24: 40-41.) Emisarios o enviados actúan con frecuencia en pares (véanse Marcos 6:7; Mateo 21:1). *«Dos o tres»* se utiliza por *«unos pocos»*. Tanto en el Antiguo como en el Nuevo Testamento se enfatiza el poder de «dos» testigos que dan fe. Ese testimonio de por sí suficiente legalmente, se refuerza según la calidad de los testigos, como en Juan 8:17, donde son Jesús y el Padre los que dan fe de la persona y doctrina de Jesús. Apocalipsis 11:4-11, nos recuerda a Zacarías 4:2-3, 11-14, para presentarnos el poderoso testimonio de Moisés y Elías; es decir, de todo el Antiguo Testamento: la Ley y los Profetas, representados por estos dos personajes.

Un último ejemplo del simbolismo de poder del número DOS lo tenemos en Apocalipsis 1:16, donde se menciona la espada de dos filos que sale de la boca de Cristo, como símbolo de la Palabra poderosa de Dios. (Véanse Apocalipsis 19:15; Hebreos 4:12; Efesios 6:17).[1]

El número TRES y sus derivados son muy comunes en la Biblia, aunque deben utilizarse con cuidado por ser el TRES un número retórico. En efecto, son innumerables los grupos de a tres que aparecen en narraciones y parábolas. Estas casi siempre tienen tres elementos. Muchos conceptos se presentan divididos en tres partes: principio, medio y fin; pasado presente y futuro; cuerpo, alma y espíritu. Los «dones permanentes» en 1 Corintios 13:13: fe, esperanza y amor; los tres títulos de Cristo en Apocalipsis 1:4 y 4:8: «*El que era y que es y que ha de venir*». Es asimismo muy común un período de tres días en el Antiguo Testamento: Jonás pasó tres días en el vientre del animal; y Cristo en la tumba, antes de su resurrección (véase Mateo 16:4; Lucas 11:29). Por otra parte, como número completo y definitivo, el TRES caracteriza las predicciones de la Pasión (véanse Marcos 8:31; 9:31; 10:33-34); las negaciones de Pedro (Marcos 14:66-72) y la reparación de las negaciones de este mismo discípulo, con la confesión de amor tres veces repetida. A una completa negación debe corresponder una completa afirmación (Juan 21:15-18).[2]

Un tiempo, tiempo y medio, tres y medio

«*Medio - tres y medio*» es una expresión que indica un tiempo limitado, período restringido. Ejemplos: «*silencio de una media hora*» (Apocalipsis 8:1); «*un tiempo, tiempos y medio tiempo*» (Apocalipsis 12:14); «*tres días y medio*» (Apocalipsis 11:9-11). Véanse además Daniel 7:25; 1 Reyes 17:1. Según Lucas 21:24, la Jerusalén terrestre será entregada a los gentiles para que la pisoteen «*hasta que se cumplan los tiempos señalados*». Estos «*tiempos señalados*», por lo general, se especifican con diferentes términos o frases como «*tres años y medio*» (Lucas 4:25); «*cuarenta y dos meses*» (Apocalipsis 11:2; 13:5); «*mil doscientos sesenta días*» (Apocalipsis 12:6). Estas tres expresiones temporales, que son equivalentes, designan una duración limitada o un tiempo corto de prueba. Es el plazo que se le da al llamado «*Anticristo*» (Apocalipsis 13:5), que es necesariamente transitorio y limitado. Tienen su origen en Daniel 7:25 y 12:7. Otra forma de identificar esta duración limitada son las expresiones: «*Un tiempo, dos tiempos y medio tiempo*» y «*una semana*» o «*media semana*» (véase Daniel 9:27). La sangrienta persecución del rey Antíoco IV (175-164 a.c.), cuyo proyecto de helenización a la fuerza del pueblo hebreo provocó la revuelta de los Macabeos en Judea (167 a.c.), duró aproximadamente tres años y medio (de junio de 168 a diciembre de 165 a.c.). Tres años y medio, o tres partes y media de cualquier cosa es la mitad de siete, que es el número completo y perfecto; por lo mismo, tres y medio designa algo precario, incompleto, transitorio e imperfecto.[3]

El CUATRO y sus múltiplos

El CUATRO es el número de la *universalidad*. Representa al conjunto del mundo habitado: cuatro vientos, cuatro extremos de la tierra, cuatro puntos cardinales (véanse Isaías 11:12; Ezequiel 37:9; Jeremías 49:36; Daniel 7:2; Zacarías 2:6; Mateo 24:31; Apocalipsis 7:1; 20:8). Los cuatro portadores del paralítico en Marcos 2:3 y los cuatro mil de la multiplicación de los panes y peces (Marcos 8:1-13) indican universalidad. Lo mismo puede decirse de sus múltiplos: «*mil seiscientos estadios*», equivalente a trescientos kilómetros (Apocalipsis 14:20). Esta cifra es un múltiplo de cuatro y de cien: CIEN significa una gran cantidad, y CUATRO es el símbolo del universo físico. Ahora podemos entender mejor el pasaje que habla de la sangrienta cosecha que el ángel de la ira de Dios realizará en la tierra:

> *El ángel pasó la hoz sobre la tierra, recogió las uvas y las echó en el gran lagar de la ira de Dios. Las uvas fueron exprimidas fuera de la ciudad, y del lagar salió sangre, la cual llegó hasta los frenos de los caballos, en una extensión **de trescientos kilómetros (mil seiscientos estadios)***
> (Apocalipsis 14:19-20).

CAPÍTULO DIECINUEVE

Del número CUARENTA hemos hablado en un capítulo especial. *Cuatrocientos* puede ser un número exacto o aproximado. Véase Génesis 15:13; Éxodo 12:40 y Hechos 13:20. Otras veces, versiones modernas como la *NVI* lo hacen notar así al agregar la palabra *«unos»* cuando es aproximado. (Hechos 5:36; 13:20). Otras veces puede ser sencillamente un número exacto (Hechos 7:6; Gálatas 3:17).[4]

OCHO, SETENTA, DOCE y DIECIOCHO

El OCHO, que rebasa la totalidad intramundana del SIETE, designa en la tierra la presencia de realidades que pertenecen al mundo divino. Así ocurre en las ocho bienaventuranzas de Mateo, que expresan la realización en la tierra del reino de Dios y sus virtudes y cualidades (Mateo 5:3-10); y en la denominación del día octavo, como una novedad en el calendario cristiano. En efecto, el día primero de la semana es el domingo (día del Señor), el día de la Resurrección; pero queda como punto de referencia para las actividades de Cristo, después de levantarse de los muertos y asumir su cuerpo glorificado y glorioso. La aparición a Tomás será *«una semana más tarde»* (ocho días) (Juan 20:26).

Algunos autores intentan sacar sentido de otros números, como por ejemplo, del número DIECIOCHO de Lucas 13:10-17. Se trata de la mujer encorvada que Jesús sana en día de sábado en la sinagoga. Lucas dice que *«por causa del demonio llevaba **dieciocho** años enferma»*. Parece que Lucas le da importancia a los «dieciocho años», porque pone en boca de Jesús este hecho al reprender al jefe de la sinagoga y a otros que criticaban su acción: «*esta mujer, a quien Satanás tenía atada durante **dieciocho** largos años*».

Según algunos autores, el número DIECIOCHO es múltiplo de tres, símbolo de lo total y definitivo. El TRES está multiplicado por SEIS, símbolo a su vez de lo que no llega a la plenitud, representada por el siete. Aplicado al tiempo («dieciocho años»), parece indicar el fracaso definitivo del pueblo de Dios que se quedó corto en el «tiempo perfecto de Dios», representado por la presencia y acción de Jesús, como Mesías, incluyendo milagros como el que ha realizado delante de ellos en la sinagoga.[5]

El número CATORCE

CATORCE, dos veces siete, es el número de los intercesores. Pero tiene además otros significados. En el Antiguo Testamento se utiliza para indicar diferentes situaciones, como los catorce años que Jacob debió servir a su tío Labán para ganarse a sus dos esposas (Génesis 31:41). Los descendientes de Jacob y Raquel fueron catorce en total (Génesis 46:22). El día catorce del mes se menciona con frecuencia como fecha para diferentes celebraciones (véanse Éxodo 12:6, 18; Levítico 23:5; Números 9:3, 5, 11). En los sacrificios, el número de corderos sacrificados son casi siempre catorce (véanse Números 29:13, 15, 17, 20, 23, 26, 29, 32). El Evangelio de Mateo comienza con la genealogía de Cristo dividida en tres grupos de catorce generaciones. Son catorce generaciones desde Abraham hasta David, catorce desde David hasta la deportación a Babilonia, y catorce desde esa deportación hasta Cristo (Mateo 1: 1-17). Es bien evidente el interés de Mateo por los números y su significado. Es posible que escogiera el número CATORCE porque es el producto de DOS por SIETE (el número de la plenitud) y porque CATORCE es el valor numérico del nombre de David. D = 4 + v = 6 + d = 4. Total 14.[6]

El número CIENTO CINCUENTA Y TRES de Juan 21

Debemos admitir que existen variadas posiciones interpretativas para los números, unas más serias y fundadas en el texto y la tradición semita y bíblica; otras más imaginativas y atrevidas. Y como «interpretaciones», todas pueden tener mayor o menor validez. Al leer, pues, cualquier interpretación, debemos ser conscientes de que no es la única;

puede haber otras, como ocurre, por ejemplo, con la cifra de *ciento cincuenta y tres pescados de buen tamaño*, fruto de la pesca milagrosa en la última aparición de Jesús a sus discípulos en el lago de Tiberíades (Juan 21:1-14). Este número ha inquietado a más de un comentarista por ser un número raro e insólito que no se usa en ninguna otra parte de la Biblia. Algunos lo descomponen en tres unidades de cincuenta, que representarían tres comunidades del Espíritu, a las que se agrega el TRES, número definitivo y perfecto representado por Jesús resucitado, que en este caso es el Dios-Hombre obrador del milagro. La comunidad de creyentes o pueblo de Dios en el Antiguo y Nuevo Testamentos se organiza con frecuencia en grupos de cien y cincuenta (véanse Éxodo 18:21; Deuteronomio 1:15; Marcos 6:40; Lucas 9:14). El significado final sería que los frutos abundantes de la misión están siempre supeditados a la presencia de Jesús, aunque la función de la pesca deben realizarla las comunidades creyentes bien organizadas. Otros simplemente interpretan el número 153 como un número arbitrario pero significativo, si se tiene en cuenta el número de discípulos participantes del desayuno que Jesús ha preparado. Son siete discípulos más Jesús, ocho en total. CIENTO CINCUENTA Y TRES pescados gordos son muchos pescados. Pudieron, pues, comer hasta saciarse, y les sobró para llevar a casa. El mensaje y verdad detrás de los números es el de la superabundancia de la gracia. Cuando Dios da, da gratuitamente y da en abundancia. La gracia de Dios es siempre suficiente.[7]

Equivalencia numérica de los alfabetos hebreo y griego
Terminemos con un cuadro que nos muestra la equivalencia numérica de cada letra del alfabeto griego y hebreo. Al sumar los valores podemos descubrir la cifra correspondiente a cualquier palabra, como hicimos con el nombre de DAVID, que es catorce.

CAPÍTULO DIECINUEVE

	HEBREO POST-EXÍLICO	GRIEGO DESPUÉS DEL 200 a.C.
1	א	A
2	ב	B
3	ג	Γ
4	ד	Δ
5	ה	E
6	ו	F
7	ז	Z
8	ח	H
9	ט	Θ
10	י	I
20	כ	K
30	ל	Λ
40	מ	M
50	נ	N
60	ס	Ξ
70	ע	O
80	פ	Π
90	צ	Ϙ
100	ק	P
200	ר	Σ
300	ש	T
400	ת	Y
500	ךת	Φ
600		X
700		Ψ
800		Ω
900		↑
1000	תתר	/A

OTROS NÚMEROS

CAPÍTULO DIECINUEVE

NOTAS

[1] *The New International Dictionary of New Testament Theology*. Vol. II. Colin Brown, General Editor. Grand Rapids: Zondervan Publishing House, 1971. pp. 686-88.
[2] José M. Martínez, *Hermenéutica bíblica*. Terrasa, Barcelona: Libros CLIE, 1984. pp. 88-89.
[3] Milton S. Terry, *A Treatise on the Interpretation of the Old and New Testament*. Grand Rapids: Zondervan Publishing House. p. 384.
[4] Lothar Coenen et al., *Diccionario teológico del Nuevo Testamento*. Vol. II. Salamanca: Ediciones Sígueme, 1999. pp. 184-85.
[5] Olivier Beigbeder, *Léxico de los símbolos*. Vol. 15. Madrid: Ediciones Encuentro, 1989. pp. 335-37.
[6] Manfred Lurker, *El mensaje de los símbolos*. Mitos, culturas y religiones. Barcelona: Editorial Herder, 1992. p. 150.
[7] George R. Beasley-Murray, *World Biblical Commentary*, Vol. 36. Waco: World Book Publishers, 1999. pp. 401-04.

CAPÍTULO VEINTE

EL MENSAJE FINAL

En pos del número infinito

El ser humano es una criatura hambrienta de «infinito». El Autor de la Biblia lo sabía y, entre otras cosas, utilizó los números para mostrarle el camino. En la perspectiva bíblica todos los números señalan hacia Dios. El Salmo 139 narra, por ejemplo, la experiencia del buscador de Dios que usa palabras, números y magnitudes, vivencias y experiencias para descubrir a Dios y allegarse a su «realidad infinita».

Los primeros cinco versículos son un despliegue de luz y fantasía. Mediante un racimo de metáforas el salmista percibe la omnipotencia y omnisciencia divinas, que envuelven y abrigan al hombre como un resplandor de luz que lo arropa por dentro y por fuera; y lo alumbra desde lejos y desde cerca; en el movimiento y en la quietud; en el silencio y en la oscuridad. No hay número ni dimensión humana que se quede sin ser penetrado por el «Infinito»:

> *Señor, tú me examinas, tú me conoces.*
> *Sabes cuándo me siento y cuándo me levanto;*
> *aun a la distancia me lees el pensamiento.*
> *Mis trajines y descansos los conoces;*
> *todos mis caminos te son familiares.*
> *No me llega aún la palabra a la lengua*
> *cuando tú, Señor, ya la sabes toda.*
> *Tu protección me envuelve por completo;*
> *me cubres con la palma de tu mano.*

CAPÍTULO VEINTE

En el versículo 6 el salmista queda pasmado, casi abrumado por tanta ciencia y presencia, que lo desbordan y trascienden:

Conocimiento tan maravilloso rebasa mi comprensión;
tan sublime es que no puedo entenderlo.

En los versículos 7 al 12 la inspiración alcanza cumbres mucho más altas: el salmista acopla alas a su fantasía e imagina situaciones inverosímiles, de lejanía y fuga, volando inclusive en las alas de la luz, o cubriéndose con el manto de la noche. Quiere ocultarse, pero es inútil. El ojo infinito del Altísimo lo descubre, lo desnuda y lo exhibe en toda la pobreza y debilidad de su realidad finita y transitoria.

¿A dónde podría alejarme de tu Espíritu?
¿A dónde podría huir de tu presencia?
Si subiera al cielo, allí estás tú;
si tendiera mi lecho en el fondo del abismo,
también estás allí.
Si me elevara sobre las alas del alba,
o me estableciera en los extremos del mar,
aun allí tu mano me guiaría,
¡me sostendría tu mano derecha!
Y si dijera: «Que me oculten las tinieblas;
que la luz se haga noche en torno mío»,
ni las tinieblas serían oscuras para ti,
y aun la noche sería clara como el día.
¡Lo mismo son para ti las tinieblas que la luz!

Vencido ante tan tenaz asedio y convencido de la inutilidad de todo intento de fuga, el salmista desciende hasta el abismo final de su misterio; y, como lo confiesan los versículos 13 al 16, allí descubre a Dios. El Infinito se revela en las realidades finitas misteriosas de la vida: en el óvulo

CAPÍTULO VEINTE

materno; en el tejido primordial de la existencia que el poder de Dios va construyendo en todas y cada una de las partes de la realidad humana, desde sus músculos y fibras hasta las complejidades de su cerebro y pensamiento. Resulta así que Dios no es sólo su creador, sino también su padre y mucho más, es su madre. ¡Cómo no va a conocer sus pasos y contar sus días uno a uno, si lo acompaña desde el seno materno y seguirá con él hasta la eternidad, cuando los números ya no cuentan!

> *Tú creaste mis entrañas;*
> *me formaste en el vientre de mi madre.*
> *¡Te alabo porque soy una creación admirable!*
> *¡Tus obras son maravillosas,*
> *y esto lo sé muy bien!*
> *Mis huesos no te fueron desconocidos*
> *cuando en lo más recóndito era yo formado,*
> *cuando en lo más profundo de la tierra*
> *era yo entretejido.*
> *Tus ojos vieron mi cuerpo en gestación;*
> *todo estaba ya escrito en tu libro;*
> *todos mis días se estaban diseñando,*
> *aunque no existía uno solo de ellos.*

En el versículo 17 el salmista, conmovido por tanto prodigio, prorrumpe, extasiado, en una serie de exclamaciones:

> *¡Cuán preciosos me son, oh Dios, tus*
>   *pensamientos!*
> *¡Cuán inmensa es la suma de ellos!*

Y si, arrastrado por la admiración o provocado por la curiosidad, se pusiera el hombre a enumerar una por una las maravillas de la obra de Dios, se le acabarían los números.

CAPÍTULO VEINTE

Pero, si en una hipótesis imposible llegara el hombre a transformar un imposible en posible y acabara por enumerar los prodigios de la creación, entonces, precisamente entonces, se encontraría con el misterio del «Infinito», el misterio supremo de Dios, inabarcable, inconmensurable, eterno. Y descubriría que no hay número que contenga las dimensiones de lo «Infinito», donde se mueve Dios.

> *Si me propusiera contarlos,*
> *sumarían más que los granos de la arena.*
> *Y si terminara de hacerlo,*
> *aún estaría a tu lado.*

En último término, este es el definitivo *«Mensaje de los números»:* no hay número ni cifra ni palabra que nos permitan penetrar por completo en la realidad infinita de Dios. Todos pueden acercarnos al misterio de su existencia; pero todos se quedan cortos en medir las dimensiones infinitas de su poder y su gloria. Todos, en una u otra forma, pueden allegarnos al misterio de su vida y su verdad; pero hay sólo UNO que nos puede transmitir las dimensiones de su infinita realidad y conseguirnos el bien supremo de su vida y salvación; y ese tal no es un número, aunque es conocido como *el Primero y el Último, el Alfa y la Omega,* que ya estaba *en el principio,* cuando todo fue creado. Este es el mismo Dios encarnado, y se llama Jesucristo.

BIBLIOGRAFÍA

Aldazabal, José. *Gestos y símbolos*. Barcelona: Centro de Pastoral Litúrgica de Barcelona, 1990.

Allendy, René. *El simbolismo de los números*. París: Editorial Declee, 1948.

Archer, Gleason L. *Encyclopedia of Bible Difficulties*. Grand Rapids, Michigan: Zondervan Publishing House, 1982.

Beasley-Murray, George R. *World Biblical Commentary*. Waco: World Book Publishers, 1999.

Beigbeder, Olivier. *Léxico de los símbolos*. Vol. 15, Serie Europa Románica. Madrid: Ediciones Encuentro, 1989.

Black, David Alan y D. S. Dockery, Editores. *New Testament Criticism & Interpretation*. Gran Rapids, Michigan: Zondervan Publishing House, 1991.

Bonnefoy, Yves. *Diccionario de mitologías*. Barcelona: Destino, 1997.

Brown, Raymond E. SS., Joseph A. Fitzmeyer, SJ., Roland E. Murphy, O. Carm. *Comentario bíblico «San Jerónimo»*. 6 vol. Barcelona: Limpergraf, 1997.

Carson, D.A. and J. D. Woodbridge, Editors. *Hermeneutics, Authority, and Canon*. Gran Rapids, Michigan: Zondervan Publishing House, 1986.

Chevalier, Jean y Alain Gheerbrant. *Diccionario de los símbolos*. Barcelona: Editorial Herder, 1995.

Cocagnac, Maurice de. *Los símbolos bíblicos*. Léxico teológico. Bilbao: Desclée de Brouwer, 1994.

Coenen, Lothar, E. Beyreuther, H. Bietehhard. *Diccionario teológico del Nuevo Testamento*. Vol. II. Salamanca: Ediciones Sígueme, 1999.

Collins, John J. *Daniel with an Introduction to Apocalyptic Literature*. Grand Rapids, Michigan: William B. Eerdmans Publishing Company, 1984.

Concordancia Completa NVI. Miami: Editorial Vida, 2004.

Diccionario del hebreo y arameo bíblicos. Instituto Superior Evangélico de Estudios Teológicos. Buenos Aires: Ediciones La Aurora, 1982.

Douglas, J. D., et al. Ed. *New Bible Dictionary*. Leicester: Inter-Varsity Press, 1993.

García Cordero, Maximiliano. *Teología de la Biblia*. 2 vols. Madrid: Biblioteca de Autores Cristianos, 1972.

González, Justo. *Hechos de los Apóstoles*. Comentario Bíblico Latinoamericano. Buenos Aires: Editorial Kairós, 2000.

González Buelta, Benjamín. *Signos y parábolas para contemplar la historia - Más allá de las utopías*. Santander: Editorial Sal Terrae, 1992.

González Echegaray, J. J. Asurmendi, et al. *La Biblia en su entorno*. Estella, Navarra: Eitorial Verbo Divino, 1999.

Gottwald, Norman K. *The Hebrew Bible. A Socio-Literary Introduction*. Philadelphia: Fortress Press, 1985.

Hanson, Paul D. *The Dawn of Apocalyptic.The Historical and Sociological Roots of Jewish Apocalyptic Eschatology*. Philadelphia: Fortress Press, 1989.

Henrichsen, Walter and G. Jackson. *Studying, Interpreting, and Applying the Bible*. Grand Rapids, Michigan: Zondervan Publishing House, 1990.

Johnston, Robert D. *Los números en la Biblia*. Grand Rapids, Michigan: Editorial Portavoz, 1994.

BIBLIOGRAFÍA

Kittel, Gerhard y G. Friedrich. *Compendio del diccionaro teológico del Nuevo Testamento*. Grand Rapids, Michigan: Libros Desafío, 2002.

Lohfink, Gerhard. *Ahora entiendo la Biblia*. Madrid: Ediciones Paulina, 1977.

Lurker, Manfred. *El mensaje de los símbolos. Mitos, culturas y religiones*. Barcelona: Editorial Herder, 1992.

Martínez, José M. *Hermenéutica bíblica*. Barcelona: Libros CLIE, 1984.

Mateos, Juan y F. Camacho. *Evangelio, figuras y símbolos*. Córdoba: Ediciones El Almendro, 1989.

Osborne, Grant R. *The Hermeneutical Spiral*. Downers Grove: Inter-Varsity Press, 1991.

Popol Vuh. Las antiguas historias del Quiché. Adrián Recinos, Tr. Bogotá: Fondo de Cultura Económica, 1952.

Prévost, Jean-Pierre. *Para leer el Apocalipsis*. Estella, Navarra: Editorial Verbo Divino, 1994.

Schökel, Luis Alonso. *Símbolos matrimoniales en la Biblia*. Estella, Navarra: Editorial Verbo Divino, 1997.

Terry, Milton S. *Biblical Hermeneutics*. Grand Rapids, Michigan: Zondervan Publishing House.

The Illustrated Bible Dictionary. 3 vols. Tyndale House Publishers, 1980.

The New International Dictionary of New Testament Theology. 2 vols. Colin Brown, General Editor. Grand Rapids, Michigan: Zondervan Publishing House, 1971.

Tuya, Manuel de y J. Salguero. *Introducción a la Biblia*. Madrid: Biblioteca de Autores Cristianos, 1967.

Wenham, Gordon J. *World Biblical Commentary*. Waco: World Books, 1987.

Wright, G. E. *Arqueología bíblica*. Madrid: Ediciones Cristiandad, 1975.

APUNTES

APUNTES

APUNTES

Nos agradaría recibir noticias suyas.
Por favor, envíe sus comentarios sobre este libro
a la dirección que aparece a continuación.
Muchas gracias.

Editorial Vida
Vida@zondervan.com
www.editorialvida.com